ひきこもり問題を講義する

専門職の相談支援技術を高めるために

近藤直司 著

岩崎学術出版社

序　言

本書では、ひきこもり問題について研修や講義で話していること、研修や取材で質問に対して答えたことなどを文章にしてみようと思います。ひきこもり問題に関する近著としては、前書『青年のひきこもり・その後』がありますが、読み返してみるとかなり難しい内容です。前書を使って研修や講義をしようとすると、かなり丁寧に解説しながら話すことになるので、それらの内容をこの本に入れたいと思いました。

また、外来診療やインテイク面接に陪席する人たちから自分の診療や面接について感想を伺う機会があります。たとえば、私は患者・来談者の話を必ずしも最後まで聴くことをせずに途中で遮ったりもするので、これにはしばしば驚かれます。それから、インテイク面接では、問診票にも入っていないことをあれこれと質問します。また、なぜそれを尋ねたいのかを説明しながら質問することも多いので、これらについても書いてみたいと思いました。さらに、臨床指導や助言の際に繰り返し使う決まり文句のようなものもあるので、この機会にそういうことも書いてみます。

したがって本書は、ひきこもりケースに関する相談支援を中心としつつも、もっと一般的な相談支援や面接の技術についても触れることになると思います。

その他、注目されている中高年のひきこもり問題について第４講で触れます。あとは危機状況に対する支援指針。これは以前からずっと取り上げてきたテーマですが、二〇一九年五月に川崎市で通学中の小学生が刺殺されるという事件が起きたこともあって精神保健福祉領域ではますます重要なテーマになっているので、難しいテーマではあるのですが、これまでよりもう少し踏み込んで第15講で取り上げます。第5講には生物・心理・社会モデルのアセスメント手法が出てきます。これについては、拙書『医療・保健・福祉・心理専門職のためのアセスメント技術を高めるハンドブック 第2版』（明石書店）を併せてお読みいただくと理解しやすいかもしれません。

用語の使い方としては、「聞く」という用語も使いますが、「注意深く話を聞く」ことを意図しているときには「聴く」を使い、問うこと、質問すること、尋ねることを意図しているときは「訊く」を使っています。

精神科の診療とか心理療法、カウンセリング、精神保健福祉相談、それから相談支援事業や生活困窮者支援などに携わる福祉専門職の相談面接に本書を活用していただきたいと思っていますし、あとは、精神分析がこれまで私たちにもたらしてくれた知見を、さまざまな専門職・援助者に活用してもらいたいという意図もあります。ひきこもりケースの支援、また広く医療、保健、福祉、心理領域に携わる専門職の皆さまにご活用いただければ幸いです。

最後になりましたが、本書を上梓するにあたって、岩崎学術出版社の長谷川純さんと鈴木大輔さんに一方ならぬご尽力をいただきましたことを深謝申し上げます。

二〇一九年一〇月

近藤 直司

目次

第Ⅰ部　ひきこもり問題を理解するために

第1講　「ひきこもり」という現象・用語の多義性

1　「内的なひきこもり」と「外的なひきこもり」

ひきこもりという用語の多義性については前書『青年のひきこもり・その後』でも詳しく説明しています。たとえば前書では、「内的なひきこもり」と「外的なひきこもり」というような表現で解説しています。外的なひきこもりというのは対人関係を回避するとか、ずっと家の中にいるとか、社会に出ていけないとか、そういう現象を指します。

内的なひきこもりというのはもっと心理的なレベルのことを指しているわけですが、説明が十分であったかを考えてみると、やはり相変わらず難しい内容だと思うので、本書でももう少し説明してみたいと思います。

たとえば岩崎学術出版社の『精神分析事典』でも、「ひきこもり」という用語が内的なひきこもりと外的なひきこもりの両方を含めて解説されています。その「ひきこもり」の解説の中で、「分裂質(註)の特徴は、『愛をあらわすことは悪』だと信じているので、外部との交流が深まることに著しい不安を抱く。愛を自己内部に閉じ込め、周囲に無関心になり、もっぱら自らの精神内界の現実にのみ心を奪われ、全能的自己愛に浸っている」としています。これが内的なひきこもり、あるいは自閉の状態です。それからもう少し外的な現象についても触れていて、「生活する空間、時間を狭め、外出しなくなったり、家族とも顔を合わせないように、昼夜逆転の生活を送るようになることもある」と説明されています。

次に、ナンシー・マックウィリアムスという優れたテキストを何冊も書いている人がいますが、彼女はたとえば「原始的ひきこもり」という現象の説明として、「乳幼児は過剰な刺激や苦痛にさらされると、眠ってしまうことが多い。違った意識状態へ心理的にひきこもることは、自動的で自己防衛的な反応であり、幼少の子どもに見られる」と述べています。

また、同じような心理現象の成人版として、社会的・あるいは対人状況から撤退する、他者と関わりを持つストレスを内的ファンタジーの世界の刺激で代用してしまう人々であると説明し、さらに自分の意識状態を変性させるためになんらかの薬物を使用する、そういう性癖もまた一種のひきこもりだというふうに述べていて、こうした場合には、ひきこもりという用語よりも「自閉的ファンタジー」という用語を使っても良いと説明しています。

これらの解説に共通するのが、社会的あるいは対人状況から撤退するという外的なひきこもりと、内的世界にひきこもるという心理的なレベルのこと、つまり外的なひきこもりと内的なひきこもり両方のことが述べられているところだと思います。

2　「ナルシスティックな状態」とひきこもり

それから、もうひとつネヴィル・シミントンの著作を紹介しておきます。シミントンは「ひきこもり」という用語を使わずに、「ナルシスティックな状態」という表現をしますが、これまで述べてきたようなひきこもりと同義だと考えて差し支えないと思います。彼が書いているのは、要約すると次のようなことです（第10講でも触れます）。

「人は、人生のある段階で、他者と人間らしい関わりを持ちながら生きていくために必要な、かけがえのないあるものを養育者の中に求め、」

このかけがえのないあるものを彼は「life giver」と呼んでいます。life giver は「生命を与えてくれるもの・人」という意味でしょうね。

（註）分裂質（分裂病質）schizoidia：現在の語用では「統合失調病質」。クレッチマー Kretschmer, E によって統合失調症に関連する性格として提唱された。Kretschmer は、統合失調病質に共通の第一の要素として、非社交的側面、たとえ一見社交的にふるまっていても他人との間につねにガラス板一枚を隔てているような内閉性を挙げる。相反する第二、第三の要素としては、敏感、感じ易い側面と、従順、鈍感な側面を挙げる。そして第二、第三の要素の比率を精神感性の釣合と呼び、精神病を通過するとこの釣合は鈍感優位の方へ非可逆的にずれていくと考えた（現代精神医学事典、弘文堂、二〇一一）。また、「愛を表すことは悪」という確信については、フェアバーン Fairbairn, W.R.D が、スキゾイド・パーソナリティ schizoid personality について、「自分の愛が破壊的に感じられることこそ分裂的人物の最大の悲劇である」と述べたことに着目した記述である。

「これ（life giver）を選びとり、受け入れる。しかし外傷的体験をきっかけとして、life giverを拒み、背を向ける選択をすると、人を愛することができず、自らも深く損なわれ、世界との自発的・創造的な関わりがもてない状態が生じる。」

この外傷的体験というのは震災とか災害とか事件とかそういったものではなくて、life giverとなるはずの人との間で繰り返し体験する小さな傷付きの積み重ねといったイメージでよいと思います。

これを彼は「ナルシスティックな状態」と述べています。『精神分析事典』やマックウィリアムスが「ひきこもり」として説明してきたことと同義だと考えられますが、「選択する」というアイデアが加えられています。

ひきこもりという現象・用語の多義性として、いくつか具体的な例をご説明しました。本書でも、内的・外的の両方の意味で「ひきこもり」という用語を使うことになります。外的なひきこもりについては理解しやすいと思いますが、内的なひきこもりや「ナルシスティックな状態」は、ひきこもりケースはもちろん、理解することが難しい人や支援・治療関係を形成することが難しいケースなどに広く役に立つ観点だと思います。

第1講文献
ナンシー・マックウィリアムズ著／成田善弘監訳：パーソナリティ障害の診断と治療．創元社、二〇〇五．

ネヴィル・シミントン著／成田善弘監訳：臨床におけるナルシシズム．創元社、二〇〇七．
小此木啓吾編集代表：精神分析事典．岩崎学術出版社、二〇〇二．

第2講　事例性概念について
――ひきこもりケースに貢献するために精神科医に必要なこと

1　はじめに

この第2講では、ひきこもりケースに対して精神科医や精神科医療機関が貢献できることはなにか、またそのために、どのような臨床的観点と臨床姿勢が必要なのかを述べたいと思います。

とくに、加藤正明、佐々木雄司らによって紹介され、一九六〇年代以後の精神保健福祉活動に伴って展開してきた「事例性概念」の形成と展開について振り返ることで、多くのひきこもりケースへの治療・支援に、精神科医が貢献するための臨床的観点、臨床姿勢について論じてみようと思います。

2　事例性 caseness について

〈精神科医がひきこもりケースに関わる場面・その1〉

保健所の精神保健福祉相談の一場面である。

長年にわたってひきこもり状態にある子どものことで家族が来談した。ケース担当者は家族に嘱託医への相談を勧め、精神科医が家族に会うことになった。家族から本人の生活状況や普段の言動などを聴取した精神科医は、「統合失調症ではなさそうです。社交不安障害とも考えられるので、ＳＳＲＩという薬剤が有効かもしれません。ご本人に受診を勧めてください」と伝えた。しかし、本人と会話する機会も減り、不機嫌になりやすい本人に対してこれから何をしたらよいのか、家族はもちろん、ケース担当者も見当がつかないままである。

この精神科医が示した見解は妥当なものであろうが、この助言は、いまのところ、ほとんど誰の役にも立たない。

このようなミスマッチが生じる要因を理解し、有効な支援に結びつくような助言ができるコンサルタントであるために必要な観点として、まず、一九六〇年代に遡る「疾病性 illness」と「事例性 caseness」に関する議論を振り返ってみたいと思います。

加藤[1]は、「caseness」という用語について、ハワイ大学の Leighton が精神疾患の重篤さを判定する際に、「高度のケースネス」、「中等度のケースネス」という用い方をしたのが最初であると思われること、そして、一九六〇年代の国際学会において Leighton の講演を聴講したことが、その後、独自の事例性概念を展開する契機になったことを述べています。

加藤は、まず、精神医学的疫学 psychiatric epidemiology において必要とされる観点として「事例性」

を論じました[2,3]。たとえば、重篤な精神疾患であっても、それを問題とみる人がいなければ事例caseにはならず、有病率に加えられない可能性が生じること、また、事例になるかならないかは、地域の価値観や文化の条件、社会階層や民族性などによっても左右されることなどです[1,4]。

また加藤は当初から、疫学調査が単なる有病率やその社会的要因の分析に留まるべきではなく、精神衛生活動という支援実践の中で実施されるべきであることを強調していました[2]。

佐々木は、一九六六年の加藤論文[2]に刺激を受け、この時期から事例性概念を中心に据えた精神衛生活動に取り組み始めたことを述べています[5,6]。佐々木は、事例性を「そのケースが、誰によって、なぜケースとして浮かびあがってきたのかを重視する姿勢」と捉え、精神医学的診断よりも、「そのケースが事例化するに至った心理・社会的背景」、「相談に至った経路と動機、状態像と家族・社会状況」に目を向ける必要性をとくに重視しました。

その後、加藤も事例性概念をさらに展開し、「異常性」や「不適応性」のメカニズムを把握・理解する際に必要となる心理・社会的観点としても用いるようになります。たとえば、精神医学的問題を、「器質性精神疾患、機能性精神疾患、ノイローゼ、パーソナリティ障害、犯罪、非行」といったスペクトラムとして捉えた場合、「初めのものほど疾病性の要素が強く、後者へ行くほど事例性の要素が強くなると考えた」と述べ、周囲に異常・不適応と判断された言動が精神疾患（統合失調症、躁うつ病、器質性精神疾患）の症状という視点だけでは捉えきれない場合、「そのような異常性や不適応性を事例性と呼び、その事例性を如何にして軽減させ、事例でなくするかということが精神衛生活動の重要な命題である」と指摘しました。[4]

さらに、メンタルヘルス（精神保健活動）を、「そのような事例性がなぜ生じたのか、なぜ患者またはクライエントになったのか、それはいつ、誰によってか、事例性を軽減させ、社会に適応できるようにするにはどうすればよいかということを、個人または集団のレベルで究明していく科学であり、実践である」と定義するに至りました。[1]

加藤[7]と佐々木[5]は、精神保健福祉領域の相談・支援においては「事例性」、精神医学や精神科医療においては「疾病性」を重視するという対立概念としての位置付けと、両者の相補性によって全体的な医療・保健・福祉サービスの充実が図られるという展望を共有していました。しかしこれに対して土居[8]は、「事例性の重要性は精神保健福祉領域の相談支援活動に留まらず、精神科臨床においても同様に重視すべき臨床姿勢である」と反論しています。

同様の視点から狩野[9]は、事例性を、「精神医学の臨床実践は、疾病学の外に位置づけることとし、眼前の患者を統一的かつ非特異的にとらえ、治療は個々の事例ごとに進めるといった臨床姿勢」と説明しています。狩野のいう「統一的」とは生物―心理―社会的な捉え方、「非特異的」は単なるカテゴリー分類やラベル張りのような診断だけでよしとするような臨床姿勢への警句と解釈できます。

以上の議論を踏まえ、疾病性と事例性を再定義してみたいと思います。

疾病性は、「異常性や不適応性を疾病の有無や診断から理解しようとする観点」です。一方、事例性は、「本人や周囲の人たちの問題認識のあり方に注目する観点である。たとえば、精神疾患の疫学研究においては、対象者や周囲の問題認識によって有病率に誤差が生じる可能性に留意する必要性から事例性（事例発見）の観点が重視される。また、精神科臨床や相談・支援実践における事例性は、誰の、どのような認識と動機付けによって問題とされた（事例化した）のかという心理・社会的な観点であり、さらには、心理・社会的要因の影響が強い異常性や不適応性についてそのメカニズムを明らかにし、治療・支援方針を検討しようとする臨床姿勢である[1、2、3、4、5、6、9、10]」と言えるでしょう。

3　事例性概念とひきこもり問題

ここまで、疾病性と事例性が対をなす概念、あるいは相補的な概念として捉えられてきたことを述べてきましたが、加藤はその後、疾病性と事例性は「メビウスの帯」のように絡み合っているという見解を示すに至りました[1]。私も、精神保健福祉や児童福祉などの関連領域の相談支援においてはもちろん、精神科臨床においても、疾病性だけでアセスメント・見立てや治療を完結できることはむしろ稀であろうと考えています。また、「疾病性（疾患の有無や診断）を包含した上位概念としての事例性」という考え方があってもよいように思います。そして、ひきこもりが問題になるケースに対して精神科医が貢献するためには、疾病性と同時に、事例性に基づいた臨床的観点・姿勢を身に付け、臨床に活用できることが決定的に重要であると考えます。

たとえば、小・中学生の不登校の多くは事例性が重視され、学校の状況や家族関係とそれらをめぐる本人の内的体験など、心理・社会的な要因に目を向けるべきケースが多いと思いますが、その一方で、発達障害などの生物学的基盤を有するケースも少なくありませんし、成人と同様の大うつ病が不登校の主要因となっているケースもあります。もちろんそうかと言って、それらのケースについても、精神療法的アプローチや環境調整の重要性が減じるわけではありません。

　青年期・成人期のひきこもりケースは、疾病性の強いものから事例性の強いものまでさまざまではありますが[11]、やはり事例性の観点をもっていないと有効な治療・支援を提供することは難しいと思います。

　冒頭で提示した精神保健福祉相談について考えてみると、まず、家族が相談の動機付けを有していることはわかっていますが、本人はどうなのかが不明です。本人の相談・受診を実現させるためには、まず、家族は今回の相談のことを本人に伝えているのか、伝えていないとすれば、今後どのように伝えるとよいのかを考える必要があります。

　そのためには、家族は本人と日常的な会話ができているのか、あるいは、どの程度のことまでは話題にできるのかといった家族状況・家族関係の把握が必要です。さらに、家族は本人との関係性を変化させようとする動機付けを維持し、継続的に相談に来てくれそうかどうか、また、話し合って決めた方針を実際に試してみるだけの実行性や一貫性はどうか、ということも重要です。

　本人については、早期の精神科治療を要する精神疾患の有無や本人のパーソナリティ特性などを推測できると、確かに今後のはたらきかけについて検討しやすくはなりますが、そのためには、まず、来談している家族の語りが客観的な情報として活用できるのかどうかを評価することから始める必要があります（第14講を参照）。

そのうえで、家族が本人に相談や受診を促し本人がそれに応じるような展開を導くための情報の提供、すでに減衰しているかもしれない本人の援助希求性を回復させるような情報の提供、家族関係の修復などが、相談支援の課題となります[12]。

これらの作業は、本人の援助希求性、家族の問題解決能力や家族関係、相談担当者の支援スキルや一つのケースに充てることのできる時間、訪問や往診が可能な職場環境であるかなどの諸条件によって、ときに年単位に及ぶこともあります。

また、その作業に取り組むのは必ずしも精神科医でなくともよいので、家族とケース担当者にその必要性と見通しをわかりやすく説明できれば、嘱託医によるコンサルテーションとしては十分な貢献であると思います（第13講を参照）。

4　ひきこもりケースの診療について

〈精神科医がひきこもりケースに関わる場面・その2〉

ひきこもり状態にあった男性が、家族の促しに応じてようやく保健所の精神保健福祉相談につながった。ケース担当者は初回の面接で本人に精神科受診を勧め、渋々ながらも初診に至った。以下はそのときの診察場面である。

診察場面での本人は口が重く、受診の動機付けも曖昧であった。担当医が受診した理由やひきこもっていた理由、今後の生活についての展望を尋ねても、「別に、勧められたから」と述べるのみであった。さらに問診を続けても薬物療法の標的になるような精神症状は語られなかった。非協力的で不熱心な態度に、医師は次第に不愉快な気分になり、「あなたはどこも悪くないですよ。早く働きなさい」と伝え、診察を終えた。

男性は、医師の態度が無礼であったこと、働くことが自分にとってどれだけ難しいかを理解しようともしなかったことに怒り、「二度と病院には行かない。専門家と言われる連中にも二度と会う気はない」と家族に宣言した。結果的に精神保健福祉相談も中断することになり、今回の相談・受診は事態をさらに深刻化させるだけに終わった。

相談支援機関に勤務していると、こういうエピソードを耳にする機会が少なくありませんし、長期化したひきこもりケースにはこうしたエピソードが付きものです。ここでも、初診や初期の診療において、精神科医が事例性の視点・姿勢をもっているかどうかが問われているとは思いますが、私自身、相談支援機関の勤務経験が長いこともあって、むしろ簡単に受診を勧めるケース担当者の事例性・専門性の弱さが問題であると考えています。

とくに、時間をかけ、自らの力量でひきこもりのメカニズムを把握しようとしていないこと、精神科受診の必要性を慎重に吟味していないこと、本人に受診の必要性を説明できていないことなどが問題です。

相談機関のケース担当者が本人との面接や行動観察を通して、本人の精神症状や、ひきこもりを生じさせ、長期化させている情緒体験を把握し、それらについて薬物療法の有効性が期待できること、そのためには精神科受診が必要であることを本人と共有できていれば、このようなミスマッチが生じるリスクは格段に減ることと思います。そして、保健・福祉領域の相談支援機関におけるこうした不十分な受診勧奨が、さきほど示したようなミスマッチや決定的な医療不信を生じさせる一因になってきた現状があると考えています。

このような経緯で初診に至ったケースに対して、精神科医療機関においてはどのような工夫ができるでしょうか。まずは、誰の問題意識と動機付けによって初診に至ったのかという事例性[5,6]に着目し、本人の問題認識と動機付けが必ずしも高くはないことに気づくことが重要でしょう。そして、通常よりも時間をかけてジョイニング・関係づくりに努めること、焦らずに本人の問題意識を醸成し、治療的合意を形成しようとはたらきかけることが考えられます。

児童・思春期の精神科臨床においては、教育・福祉領域の相談機関、学校や福祉施設などの問題意識と受診勧奨によって初診に至ったものの、本人と家族にとっては受診すること自体が不本意であり、受診の動機付けも極端に低いことがあります。こうしたケースにおいては、受診の労をねぎらい、できるだけ礼節をもって応対し、無理につなぎとめようとしないのがよいと思うこともあります。「今後、自分に相談したいことが生じれば連絡してほしい」と伝え、短時間で診察を終えることもあります。不愉快な思いをせずに、必要性を感じたときに再度の受診を考えてもらえる可能性を残すことができれば、その方がよいと思うからです。

5　おわりに

ここまで、精神保健相談や精神科臨床において、「誰の、どのような問題意識と動機付けによって受診に至ったのか」という「事例性」に注目してひきこもりケースに向き合う必要性について述べてきました。さらに、ある種の「異常性」、「不適応性」と捉えられるようなひきこもりケースについて、その問題を生じさせているメカニズムを心理・社会的に把握・理解するという文脈から、ひきこもりケースの事例性について論じたのが第5講です（註）。

以上、精神科医がひきこもりケースに貢献するために必要な観点・臨床姿勢として、加藤、佐々木らによって紹介され、一九六〇年代からおもに精神保健福祉領域の相談支援実践に伴って展開してきた事例性概念を振り返りました。

（註）たとえば、明らかに学校や職場に問題があり、登校や出勤を拒否することが自分の心身を守るために必要であると捉えられる場合、あるいは、家族の不和や健康問題などを心配する子どもが家を離れようとしない場合などは、それらの行動を異常性・不適応性とは見做さない。

第2講文献

(1) 加藤正明：メンタルヘルス 病気と事例をめぐるこころの健康学．創元社、一九八六．
(2) 加藤正明：疫学と地域精神医学．精神医学、八巻：七九六―七九九頁、一九六六．
(3) 吉川武彦：疾病性・事例性の定義とその意義．日本社会精神医学会編：社会精神医学．医学書院、七六―八三頁、二〇〇九．
(4) 加藤正明：社会と精神病理．弘文堂、一九七六．
(5) 佐々木雄司：精神衛生の実践面から――病院以外の場で、ケースや家族と接して．台弘、土居健郎編：精神医学と疾病概念．東京大学出版会、一一七―一三五頁、一九七五．
(6) 佐々木雄司：生活の場での実践メンタルヘルス 精神衛生学体系化へのチャレンジ．保健同人社、二〇〇二．
(7) 加藤正明：佐々木論文（5）に関する討論より．
(8) 土居健郎：佐々木論文（5）に関する討論より．
(9) 狩野力八郎：私の精神分析的パーソナリティ臨床――疾患分類批判．思春期青年期精神医学、二二巻：四六―五三頁、二〇一二．
(10) 野村総一郎：精神医学とは．野村総一郎、樋口輝彦監修／尾崎紀夫、浅田隆、村井俊哉編：標準精神医学．医学書院、三―二一頁、一九八六．
(11) Kondo N, Sakai M, Kuroda Y, et al: General condition of hikikomori (prolonged social withdrawal) in Japan: Psychiatric diagnosis and outcome in the mental health welfare center. International Journal of Social Psychiatry, 59: 79-86, 2011.
(12) 近藤直司：青年のひきこもり・その後．岩崎学術出版社、二〇一七．

第3講 「精神障害」「精神疾患」をどのように説明するか

1 「ひきこもりは精神障害ではない」という説明の魅力

ひきこもり問題が取り上げられ始め、「ひきこもりは精神障害ではない」という説明・解釈が広まった時期がありました。ひきこもりと精神障害、精神疾患との関係をいろいろな立場の方にわかりやすく正確に説明するというのは精神科医の役割であったと思うのですけれども、この時期にその説明が十分ではなかったがために、やや偏った解釈を生じさせたと思います。

ひきこもりが精神障害ではないというのは、いろいろな人にとってかなり魅力的な言説です。精神障害、精神疾患というレッテルを貼られることを嫌うご本人やご家族はたくさんいらっしゃいますので、精神疾患ではないという説明はとても救いになったと思われます。

それからひきこもり問題には、いろいろな立場の方たちが支援者として関わっています。医療や保健、福祉などの専門職だけではなしに、もっといろいろな立場の方たちが支援に関わっている問題ですので、精神障害ではないという説明はそういった方たちにとっても魅力的だったわけです。言い方が難しいのですが、ひきこもり問題に対する自分たちなりの理解や解釈に基づいて、自信をもって取り組めると感じた方も多かったと思います。それがうまく展開した支援ももちろんあるでしょうし、すこし偏った支援に向かっていった方たちもいるのだろうと思いますけれども。

また少し余談になりますけれども、たとえば社会学者の人たちが一時期、随分ひきこもり問題に関心を寄せておられました。ご本人には問題がないのにこういう現象が起きると解釈された方たちにとっては、日本という社会を研究、検討するには格好のテーマであると映ったわけですね。

けれども、ご本人にもそれなりに精神医学的な問題があったりメンタルヘルス問題があったりすることが明らかになってくると、社会学の立場からはあまり関心がもてなくなってしまったようです。それはとても残念なことで、ご本人になんらかのメンタルヘルス問題があったとしても、「どうしてひきこもりという現象が生じるのか」とか、「なぜ、ひきこもりという『選択』をするのか」、という点について社会学的に考察してくれることを期待していたので、残念なことでした。

いずれにしても、ひきこもりが精神障害でないという説明は、いろいろな人たちにとって魅力的だったので急速に広まったのだと思います。

2　説明の不備によって生じた周り道

前書でも述べましたけれども、「ひきこもりは精神障害ではない」というのは、説明が少し不備なんですね。このことによっていろいろな周り道が生じたとも思います。私がとくに懸念していたのは、ひきこもり問題を医療・保健・福祉問題として捉える必要性を共有することができなかったことです。

あまりくどくど言いたくないのですが、たとえばある指導的な立場の精神科医で、「ひきこもりは精神医学や精神科医療の対象ではない」ということを学術論文で述べた人も現れました。そうやってひきこもりというのは医療・保健・福祉領域の専門性を要する問題ではないという、そういう認識が拡散します。

その結果、たとえばいくつかの地方自治体はひきこもり問題を医療・保健・福祉領域ではなくて、青少年健全育成の分野に位置づけたりするわけです。青少年健全育成というのはあまり馴染みがないかもしれませんけれども、たとえば自治体が住民に体育館を貸したりしていますよね。市民プールとか。ああいう分野です。あるいは、少年非行の問題が青少年健全育成の一つの課題として取り上げられている自治体もありますが、それも専門的な支援というよりは、住民に対する啓発普及のための講演会といった事業です。

青少年健全育成の分野として位置づけられたとしても、それだけで必ずしも十分な支援ができないということではなく、保健・福祉領域と緊密に連携して人事の交流を図ったりして、しっかりした専門的な相談支援体制を作っている自治体もあります。ですが、多くの場合は、青少年健全育成だけでは専門的な相談支援は事業化できないので、民間支援団体に相談支援の仕事を委託するということが起きます。

もちろんきちんとした相談支援をやってくれている民間支援団体はたくさんありますし、異動の多い公務員組織よりも支援の経験を蓄積しやすいというメリットもあると思います。けれどもその一部には、極めて不適切で重大事件にまで至るような事案があります。少し前には、たとえば戸塚ヨットスクールの事件などがあるわけですけれども、二〇〇六年には「ひきこもり者更生支援施設」と称する施設において、二六歳の入所者が身体を拘束されて外傷性ショックによって死亡するという事件、いわゆる「アイ・メンタルスクール事件」といわれるものが起きますし、この時期これに類する事件や訴訟が続いて起きました。

それから、厚生労働省の政策もどちらかといえば福祉・保健問題としてよりは就労問題、労働施策が中心で、たとえば若者サポートステーションとか、若者職業的自立支援推進事業、当時は通称「若者自立塾」と呼ばれていましたが、こういったものが施策化されます。これらは、ひきこもり対策ではなくてニート対策なんですね。つまり、就労支援および支援を行うための助成事業で、後者の若者自立塾は三カ月間や六カ月間の合宿生活を通して就職を目指すという、そういう支援事業でした。実施主体は実にさまざまで、元は学習塾だったというところもあるし、寺院などもあったようです。

公表していけないとは言われていないので、少し内実を話しますと、どんな現場で、どういう人たちに対して、どういう支援が行われているかということを審査するための仕組みがありまして、私はそのうちの一人でした。少し極端かもしれませんが、「この入所者さんは知的障害なんじゃないか」と思われるような事例、その入所者がかなり厳しい訓練を受けているようで、場合によっては自殺に追い込まれるのではないかということすら危惧されるような事例もありました。かつて戸塚ヨットスクールにはそんな事例がいくつもありましたし、同じようなことが起きやしないかということが危惧されました。また、若者サポートステーションにおいても、本人や家族が精神科医療とか障害福祉サービスを望んでいないという、そういう方たちが利用することが多いわけで、かなり支援の難しい方たちが集まる傾向があることもだんだんわかってきます。

今も若者サポートステーションという事業は継続しています。多くの方たちに利用されていて、間口が広くてアクセスしやすいという点では、いまにして見れば決して悪い事業だと思っていませんけれども、本格的な医療・保健・福祉問題として捉えるということに関して言えば、この「ひきこもりは精神障害ではない」という説明によってだいぶ周り道をしたという経緯があります。

３　発達障害が与えたインパクト

そういう意味では、ひきこもっている人たちの中に発達障害圏の方たちが少なからずいるということがわかってきたことのインパクトは大きかったと思います。

それまでは、若者をひきこもりに追い込むような社会の問題ということに注目が集まって、本人の甘えであるとか、家族が甘やかせているとか、そういった解釈も随分あったわけですけれども、本人さんに発達障害という問題があるんだというところで振り子が反対に振れたといいましょうか。「何でもかんでも発達障害」という風潮が生じているようにも思いますが、それでも一方的に社会の見方とする考え方は随分修正されたのではないかと思います。

でも、精神障害ではないということを強調した人たちの意図ももちろん理解できる部分があります。

たとえば、ひきこもりという問題のスティグマを軽減させたいという意図をもってそういう発言をしていた方がいると思うんです。多くの人たちにとって、もっと相談しやすい状況を生み出したい、ということですね。子どもがひきこもっているということをひた隠しにしているようなご家族がまだたくさんおられますから、「なるべく相談のハードルを下げる」ということを考えたときには、精神障害なんてことが前面に出ない方がいいとも思いますし。当事者の側か支援者の側か、どちらの心情を重視していたか、ということかもしれません。

また実際に治療や支援に当たるときには、本人さんの病理的な面にだけ目を向ければいいわけではないので、本人のもっている強みだとか健康な面だとか、潜在的な可能性とか、そういうことに目を向けていくことが必要です。それは言うまでもないことですけれども、「本人さんやご家族が抱えている困難に対するかなり高度な治療支援技術を要する問題である」ということが軽視されたり否認されたりするような側面がありました。それでひきこもり問題に対する支援のあり方について本格的な検討が遅れたという経緯が確かにあったと思うので、これは残念なことだったと思っています。

4　ガイドラインにおける疾病性の強調

こういう経緯があって、二〇一〇年五月に厚生労働省が「ひきこもりの評価・支援に関するガイドライン」というのを公表します。齊藤万比古先生を中心にした厚生労働科学研究によって作成されたガイドラインです。私たちはこの厚生労働科学研究の中で、ひきこもっているご本人さんたちの精神科診断について検討するという分担研究を担当しました。

精神保健福祉センターにご本人さんも相談にみえた方たちを対象に、その診断を検討するという研究班でした。この内容については前書に詳しく載せてありますので繰り返しませんが、結論から言いますと、情報がきちんと集まっていれば、長く深刻なひきこもり状態にある人たちのほとんどになんらかの精神医学的診断がつくということです。

そういう意味ではこのガイドラインは、第2講で説明した「疾病性」を強調した内容です。本当はひきこもり問題というのは「事例性」に注目した捉え方が必要であることを第2講で詳しく述べたわけですけれども、このガイドラインではあえて診断をつけるということを重視しています。それは当時の「ひきこもりは精神障害ではない」という解釈の影響を、軽減するというか払拭するというか、多くの人たちに見方を変えてもらう必要があったので、そういう意図もあってあえて診断名を強調した内容になったと私は解釈しています。

もう少し言いますと、診断をつければそれでいいという問題ではまったくないんだけれども、それすらきちんとやらないのでは、精神科医はなにもこの問題に対して役割を果たしていない、というか混乱させているだけだと考えていたので、「事例性」が重要なことは重々承知なんだけれども、まずは「疾病性」を強調した内容になっているということです。

診断がつくというと、多くの人は「すべての人が精神科医療を必要としているのだ」と解釈するので、そうではないということを説明する必要があります。あの研究ではっきりしたのは、ひきこもり状態になっているご本人さんの中で、精神科医療、この場合は主に薬物療法ですけれども、薬物療法が必要だと判断された人たちは約三分の一ですね。厳密に診断するという作業で明らかになったのは、薬物療法が当面必要だと思われる人が三分の一で、残りの三分の二は、狭い意味での精神科医療がすぐに必要になるわけではない方で、そちらの方がむしろ多いということが明らかになったわけです。

薬物療法が必要な方たちであっても薬物療法だけでいろいろなことがすべて解決するとは限らないし、残りの三分の二の人たちに関していえば、対人関係に関するカウンセリングとか、これからの社会参加や就労に関する相談支援ですとか、そういったことが必要な人たちだということが明らかになっているわけですね。

少し遠回りになったかもしれませんけれども、疾病性を強調したガイドラインが示されて、さらに改めて事例性をしっかり踏まえたアセスメントと支援が必要だということを、もう一回考え直す時期に来ているのではないかと思っています。

5　「精神障害」にあてはまるケースは一般的なイメージより軽いものも

精神障害、精神疾患という言葉も一般の人たちに説明するときにすごく慎重でなければなりません。かつて日本では、統合失調症と躁うつ病と器質性精神疾患のことを精神疾患とか精神病と言って、それによって生じている生活のしづらさのことを精神障害と言った時期があります。それとは全く別に、現在ではＩＣＤやＤＳＭに示されている診断カテゴリーはすべて精神障害という言い方もあります。後者に従えば、パーソナリティ障害とか発達障害、社会不安障害、そういったものもみんな精神疾患、精神障害ということになります。ですから一般の方が思っている精神疾患、精神障害よりもかなり軽い人たちが多いということも、併せて説明する必要があると思います。

第3講文献

厚生労働省：ひきこもりの評価・支援に関するガイドライン．二〇一〇．(https://www.mhlw.go.jp/file/06-Seisakujouhou-12000000-Shakaiengokyoku-Shakai/0000147789.pdf)

第4講　中高年のひきこもりについて

1　内閣府「生活状況に関する調査」報告書について

中高年のひきこもりを取り上げるにあたって、まず二〇一八年度に公表された内閣府による「生活状況に関する調査」についてお話ししたいと思います。それまで内閣府は、若者のひきこもりに関する調査を平成二二年と二八年の二回実施しています。これは十五歳から三九歳の若者の中にどのくらいひきこもり状態にある人がいるのかということと、その実情を調べようとしたものです。

平成二二年の調査では、ひきこもり者は全国で六九・六万人という推計値が示されています。また、平成二八年の調査では少し数が減って五六・三万人という推計値が示されました。これが三九歳までを対象にした調査だったので、いろいろなところから中高年のひきこもり事例はもっと多いだろうとか、この調査では不十分であるという指摘があったようです。

それで内閣府はさらにその上の年代の人たちを対象とした調査を平成三〇年に実施して、「生活状況に関する調査」という報告書を公表しました。この調査は四〇歳から六四歳の人たちを対象にしていて、いわゆる「中高年のひきこもり」を把握しようとしたわけです。

この調査の結果をざっくり言うと、まずは、四〇歳から六四歳の年代で六一・三万人の人がひきこもり状態だという、そういう推計値が示されました。そこまではいいのですが、たとえばこの調査報告書を根拠として、「ひきこもり問題の長期高年齢化の深刻な現状が浮き彫りになった」とする論文もあります。もちろん間違いではありませんが、この調査の内容をもう少し詳しく見ていくと、本当にそこまで言えるのか、慎重さが必要ではないかと思います。

2　三〇〇〇例中の四七例から言えること

この調査について説明したいと思います。この調査は全国の市区町村に居住する満四〇歳から六四歳の人に、無作為に質問紙を郵送して回答を得るという方法で実施されました。ご本人さん五〇〇〇人と同居する成人の方を対象に調査票を配布しています。配布数は五〇〇〇件です。そのうち有効回収数は三二四八件、率としては六五・〇％です。三二四八件のうちひきこもり状態(註)にあった人は四七人で、有効回収数に占める割合は一・四五％です。二〇一八年時点での総務省の人口推計によると四〇歳から六四歳人口は四二三五万人なので、一・四五％に相当するのは六一・三万人だというわけです。

（註）「出かけたとしても『趣味の用事』か『近所のコンビニ』程度という状態が半年以上続いている人」が「生活状況に関する調査」におけるひきこもり状態のおおまかな定義。正確な定義は、本講末尾に掲げた文献を参照のこと。

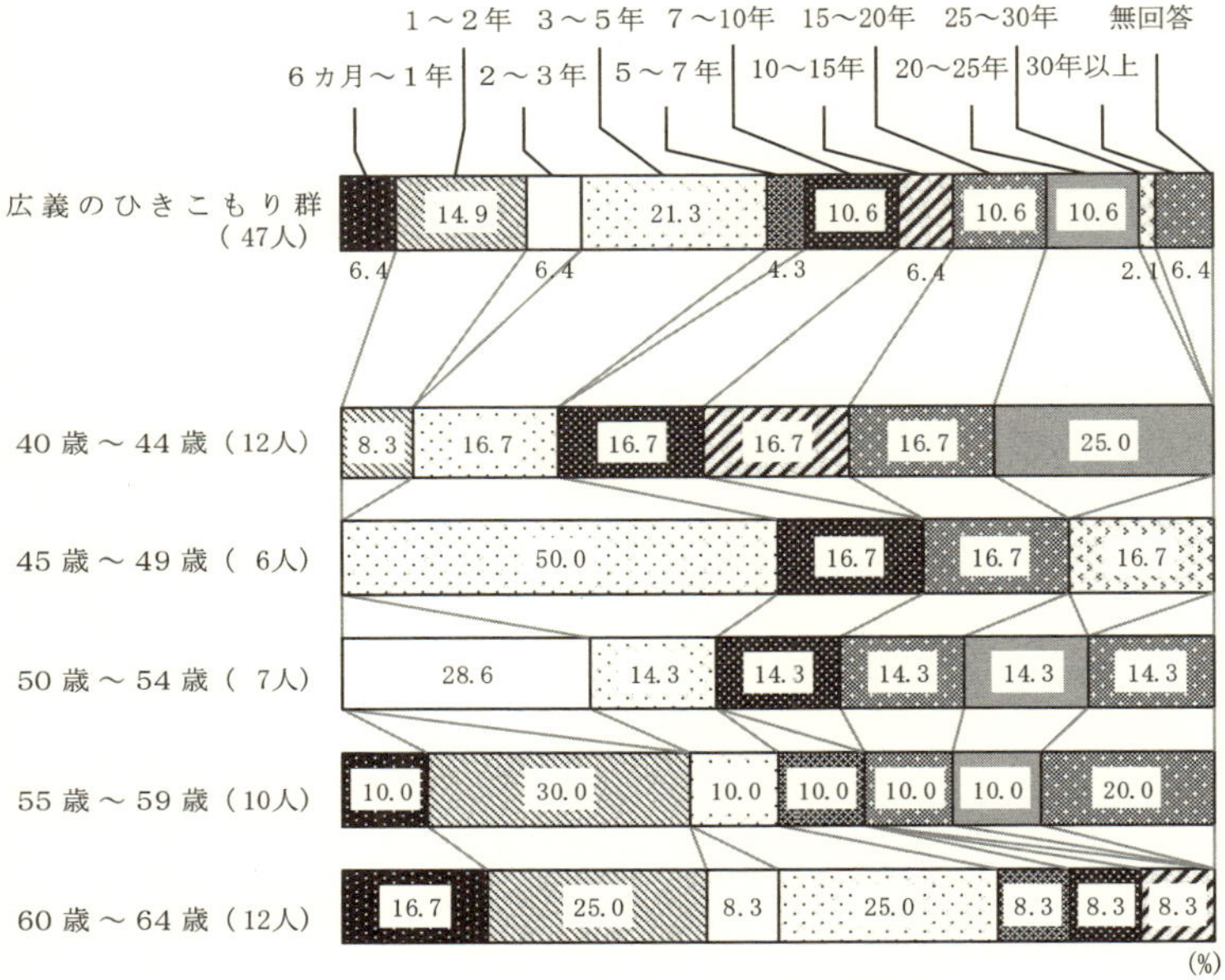

図１　ひきこもりになってからの期間

内閣府「生活状況に関する調査」調査結果（2018）より

まず、この調査で把握されたひきこもり事例は四七件であるということを知っておいていただきたいと思います。何しろ四七人しかいませんので、年齢別にみると、たとえば四〇歳から四四歳までは十二人です。この十二人のひきこもり期間は、七年から十年ひきこもっている人が二人で、これは十二人のうちの二人ですから十六・七％ということになるわけです。十年から十五年の人、十五年から二〇年の人もそれぞれ二人です。それで二〇年から二五年という人が三人います。ですので、四〇歳から四四歳までに限ってみると、長くひきこもっている人が多いと言えます。

次に四五歳から四九歳までは六人、

一桁です。この六人をみていくと、六人のうち三人はひきこもっている年数は三年から五年です。それ以上七年から十年の人は一人。十五年から二〇年という人が一人、二〇年から三〇年と言っている人が一人だけいます。つまり四〇歳から四四歳の十二人と四五歳から四九歳の六人を比べてみるとずいぶん違った傾向ですが、とにかく人数が少な過ぎるので、これだけでは何とも言いようがないのです。本当にこれだけで長期化、高齢化といえるのか、もう少し慎重でないといかんだろうというふうに思うわけです。

もう一方で、この四七人の生活実態は意外に多様です。多くの人がイメージしている中高年のひきこもりというのは、親と同居していて、親の年金とか親の収入、貯金で生活していて、かなり生活状況は困窮していて、親なき後の生活は一体どうなるのかが懸念される、そういう事例をイメージしている方が多いと思うんですけれども、この四七人の方のうち三六・二％は配偶者と一緒に住んでいる、結婚しているんです。

「あなたの家の生計を立てているのは主にどなたですか」という設問もあるのですが、「自分自身である」と答えている人が四七人のうち十四人います。「配偶者である」と答えている人も八人います。父か母のいずれかを回答した人は十六人です。親が生計を立てていてそこで一緒に生活しているという人は確かに四七人中十六人いるけれども、残りの人は自分自身で生計を立てていたり、配偶者が生計を立てていると答えている人もいて、必ずしも親に面倒を見てもらっている人ばかりではないということです。

さらに、「あなたの家の暮らし向き、衣職住レジャーなどの物質的な生活水準は世間一般とくらべて上の上から下の下までどこに当たると思うか」という設問もあります。これに対して「下」だと答えている人、つまり「下の上」、「下の中」、「下の下」は合わせて約三〇％です。残りは「中の下」以上だと答えています。

「中の中」から上、つまり「中の中」、「中の上」、「上の下」、「上の中」、「上の上」は四〇数％もいて、必ずしも経済的に困窮・切迫している方たちばかりではないようですね。だからいいというわけではないけれども、ある部分だけを切り取って、何らかの固定化したイメージで「きっとこうだろう」というふうに言わない方がいいということを言いたいのです。もっとも、こうした多様性についても、もっと数を増やしてみると、違う結果がみえてくる可能性があるわけですが。

「普段自宅にいるときによくしていることに丸をつける」という設問もあるんですけれども、四〇歳以上で六〇代の人も含んでいますから、テレビを観ていると答えた人は四七人のうち三五人（七四・五％）です。これもイメージとしては、地上波のテレビが一日中つけっぱなしになっていて、何の目的もなくぼーっと眺めているみたいな姿をイメージする方が多いと思うのですが、「テレビを観ている」ということしか聞いていないので、実際のところはわかりません。

言い過ぎかもしれないけれど、たとえばバラエティなんかを選んで楽しんで観ていて、『ブラタモリ』は毎週録画して楽しみに観ている」なんて人がいたりすると、だいぶイメージが違います。もしかすると、スポーツチャンネルなんかと契約していて世界のサッカー事情に詳しい人だっているかもしれないし。だからテレビを観るっていうのが七四％あるだけで、その中身までを推測していくというのも止めたほうがいいと思うのです。であれば、そこまで聞き取る必要があったのか、という調査方法の問題とも言えますが。

本当に中高年のひきこもり問題をしっかり把握していこうとするのなら、この調査からではなくて、もっと数を集めるか、現場に近いところからきちんと事例を積み上げて把握していくということがどうしても必要だと思います。たとえば中高年の事例を集めようとするのであれば、介護保険に関わっている援助者はお年寄りの支援をしながらその息子さんや娘さんが長くひきこもっている事例をたくさんみていますし、生活困窮者支援に関わっている方たちもそうだろうと思われます。

そういう人たちがどんな事例に関わっているのかを調べて、もっとたくさん数も集めて、それではじめて中高年のひきこもり問題についての実状と支援課題が抽出されてくるのだろうと思います。この内閣府の調査には私自身も検討委員に入っているので、お読みになる皆さんに少し注意を促したいというか、気をつけてみてほしいということを述べました。

３　地方自治体の調査結果から

地方自治体で実施した調査には、ひきこもっている人の年齢層やひきこもり期間についてもう少し詳しい実状がわかるものがあります。たとえば山梨県や長野県では、県内の民生委員・児童委員が担当地区において把握しているひきこもりケースについてアンケート調査を実施しています。これらの調査は、厚生労働省のガイドラインで示された定義を踏襲して、「社会的参加（仕事・学校・家庭以外の人との交流など）ができない状態が六カ月以上続いており、自宅にひきこもっているか、ときどき買い物などで外出する程度の人」を対象としています。対象年齢については両県で少し差があり、山梨県は「おおむね十五歳以上の者」として年齢に上限を定めていませんが、長野県は上限を六五歳未満としています。

この方法によって把握された人は山梨県では八二五人、長野県では二二九〇人で、把握された件数としては内閣府調査の四七人とは比較になりませんが、年代別総人口に占める割合は、それぞれ〇・一一％、〇・二〇％です。内閣府調査の一・四五％には遠く及びませんので、推計値については内閣府調査が信頼できると思います。

年代別にみると、山梨県では四〇歳代の二七・五％が最も多く、次いで三〇歳代が二二・九％、六〇歳代が十六・八％という順です。「六カ月以上ひきこもっている人」は二六二人（三一・八％）、「ひきこもっているが買い物程度の外出はする人」が五二四人（六三・五％）という結果も示されていて、上限を定めていないために、ずっと以前から指摘されてきた六〇歳代以上の高齢者で閉じこもりがちな人も多く含まれていることが結果にも影響しているように思われます。長野県では同じく四〇歳代が二八・五％で最も多く、その他は五〇歳代が二二・九％、三〇歳代二一・一％という順です。いずれも四〇歳代がピークですが、同時にひきこもりはあらゆる年代で生じ得る問題と捉えるべきでしょう。

また十五歳から三九歳までの「若年層」と四〇歳代以上の「中高年層」に分けてみると、「若年層」

は山梨県では三二四人（三九・六%）、長野県では八二五人（三六・九%）、「中高年層」はそれぞれ四九四人（六〇・四%）、一四二二人（六三・一%）となっていて、ほぼ同じような比率です。

「ひきこもり等の状態にある期間」については、山梨県では「三年以上」（「五年未満」や「十年未満」も含む）が全体の七六・〇%、「五年以上」は六〇・二%、「十年以上」が三九・三%でした。年代別にみると、四〇歳代では六割以上、五〇歳代では約半数が十年以上ひきこもり等の状態にあります。長野県でもほぼ同じような傾向で、三〇歳代からは「十年以上」が最も多くなっています。

この他、両県の調査では、生活困窮の可能性やひきこもりに至った経緯、支援の状況、迅速な支援の必要性なども聞いていますが、これらについては「わからない」という回答がかなり多くなります。これらは民生委員・児童委員の立場では把握しにくいことでしょうし、緊急性について判断に迷う人も少なくないと思うので妥当な回答だと思います。ひきこもりの契機や詳しい生活状況については深読みし過ぎない方が良いように思いますが、これらの調査から、中高年層の事例が若年層よりも多いこと、中高年層では長期化事例が少なくないことは間違いないと言えるでしょう。

4　地域包括支援センターから把握した中高年のひきこもりについて

この他、十五カ所の精神保健福祉センターがそれぞれの自治体で開設されている地域包括支援センターを対象に実施した調査があります。地域包括支援センターは介護保険法に基づいて設置されている高齢者のための総合相談窓口で、相談や支援の対象となっている世帯にひきこもり者が同居しているかどうかを把握しやすい立場にあります。

調査では、四一〇カ所から回答を得て二四七カ所（六〇・二％）のセンターがひきこもり者と同居している高齢者の相談・支援を経験していることがわかりました。把握されたひきこもり者は七八四人で、その年齢は五〇歳代が三二〇人（四〇・八％）、四〇歳代が二二七人（二九・〇％）でした。それ以外の二三七人（三〇・二％）の内訳は示されていませんが、ここには子どもではなく、配偶者や兄弟姉妹、甥、姪、孫などが含まれるのかもしれません。このうち支援状況について把握できたのは三七八ケースで、「現在、相談・支援を受けている人」が一四三人（三七・八％）、「過去に受けたが今は受けていない人」が七〇人（十八・五％）、「相談・支援は受けていない人」が一六五人（四三・七％）でした。相談・支援を受けていないケースや中断例が多いことに目が向きがちですが、現時点で相談・支援を受けている人も少なくはありません。

同居している高齢者に対する介護サービスについて「協力的である」は一八・一％で、「無関心である」は三四・五％、「不都合が生じている」は二四・二％でした。不都合が生じているものの中では介護サービスへの拒否が大半を占め、一部には虐待・介護放棄という回答もあったそうです。高齢者支援の領域では、高齢者虐待が問題になり始めた頃から、「虐待者」とされる人たちの中に長年のひきこもり状態のまま中高年に至った人が少なくないという指摘がありましたし、ネグレクト事例が無関心と回答された可能性もあるでしょう。

5　支援について

高齢者の介護サービスに協力的な人の中には、今後の生活などについて比較的スムースに話し合うことができる人もいるかもしれませんが、無関心な人や拒否的な人については、高齢者との同居が成立している現状では、生活形態を変えることや今後の生活について話し合うことは難しいケースが多いでしょう。その場合は、高齢者の施設入所や入院などによって同居者の単身生活が見込まれる状況や、実際に家に独りで残されたときに改めて接触を図ることになるものと思われます。

介護保険、障害福祉、精神保健福祉、生活困窮者支援、生活保護などの協働が求められる課題であり、すでに具体的な取り組みを始めている自治体・事業所もあると思われます。こうした事例に多く出会っている現場からの今後の発信に期待したいと思います。

第4講文献

長野県健康福祉部・県民文化部：「ひきこもり」等に関する調査．二〇一九．(https://www.pref.nagano.lg.jp/chiiki-fukushi/happyou/documents/20190618press.pdf)

内閣府：若者の意識に関する調査（ひきこもりに関する実態調査）報告書．二〇一〇．(https://www8.cao.go.jp/youth/kenkyu/hikikomori/pdf_index.html)

内閣府：若者の生活に関する調査報告書．二〇一六．(https://www8.cao.go.jp/youth/kenkyu/hikikomori/h27/pdf-index.html)

内閣府：生活状況に関する調査．二〇一八．(https://www8.cao.go.jp/youth/kenkyu/life/h30/pdf-index.html)

辻本哲士、原田豊、福島昇他：保健所、精神保健福祉センターの連携による、ひきこもりの精神保健相談・支援の実践研修と、中高年齢層のひきこもり支援に関する調査報告書．平成三〇年度地域保健総合推進事業、二〇一八．(http://www.jpha.or.jp/sub/pdf/menu04_2_h30_02_11.pdf)

山梨県福祉保健部：ひきこもり等に関する調査結果．二〇一五．(https://www.pref.yamanashi.jp/shogai-fks/hikikomori/documents/hikikomoritou_tyousa.pdf)

第II部　本人のアセスメントと支援

第5講　「その人」を理解すること

1　知ること、理解すること

ありうる限りの明識（洞察力）なくしては、真の善良も美しい愛も存在しない

A・カミュ

人を尊重するには、その人のことを知らなければならない

E・フロム

今挙げた二つの文章は、前者はカミュが『ペスト』という小説の中で書いている文章です。後者は、フロムの『愛するということ』という著書からの引用です。ひきこもりケースの支援は難しいので、「どうしたらいいのか」が話題になりやすいのですが、「どうすべきか」を考える前に、その人を知ること、どのような問題なのかを理解することが大切であるということで掲げました。

しかし私たちも支援の中で理解しようという姿勢を失いがちだということも、このあと第11講で話します。

2　アセスメントの定義――「問題」のアセスメントと「その人」のアセスメント

アセスメントするというのはどういうことなのか、ということについて話します。私は別の著書で、対人支援におけるアセスメントを、「**一つ一つの情報を自分なりに解釈し、それらを組み立てて、生じている問題の成り立ち mechanism を構成し（まとめ上げ）、支援課題を抽出すること。あるいは、その人がどんな人で、どんな支援を必要としているのかを明らかにすること**」と定義しています[1]。広辞苑などで引くと全く違う定義が出てくるのですが、対人支援におけるアセスメントというのは概ねこれで異論はないのではないかと思います。

この「定義」は問題の成り立ちをアセスメントするという前半部分と、その人をアセスメントするという後半部分から構成されているのですが、いずれにしても多くの支援者が共有できると思われるのは生物・心理・社会モデルです。生物・心理・社会モデルの詳細やその成り立ち、批判的論証などについては別の拙書[1,2]やその他の文献をご参照ください[3,4]。

3　生物・心理・社会モデルの使い方

生物・心理・社会モデルのアセスメントを図式化、視覚化、フォーマット化したものが、図1です。拙書『医療・保健・福祉・心理専門職のためのアセスメント技術を高めるハンドブック 第2版』に掲載したものです。

<table>
<tr><td>インテイク（情報の収集・整理）</td><td colspan="3">アセスメント（評価）</td><td>プランニング（支援計画策定）</td></tr>
<tr><td>情報（見たこと，聴いたこと，データなど）</td><td colspan="2">理解・解釈・仮説（わかったこと，解釈・推測したこと）</td><td>支援課題（支援の必要なこと）</td><td>対応・方針（やろうと思うこと）</td></tr>
<tr><td rowspan="7"></td><td rowspan="6">本人について</td><td>生物的なこと（疾患や障害，発達の遅れ，偏りなど）</td><td rowspan="7">①
②
③
④
⑤
⑥
⑦
⑧</td><td rowspan="7"></td></tr>
<tr><td></td></tr>
<tr><td>心理的・情緒的なこと，認知の特徴（不安，希望，気分，感情統制など）</td></tr>
<tr><td></td></tr>
<tr><td>社会性・対人関係の特徴</td></tr>
<tr><td></td></tr>
<tr><td>環境について</td><td>家族
学校・職場
友人・近隣など</td></tr>
</table>

図１　アセスメントのためのフォーマット

近藤直司『医療・保健・福祉・心理専門職のためのアセスメント技術を高めるハンドブック 第２版』（明石書店，2015）よりこのモデルをよりよく使いこなすにはいくつか留意点があります。ひとつは「生物・心理・社会的に分けて整理する」というレベルから、「問題が形成されているメカニズムを構成する」というレベルを目指したいんですね。この枠組みは、「生物的な面はこうであって、心理的にはこうで、対人関係や環境はこうである」というふうに分けて整理するのに便利で、そこが第一段階だとは思うのですけれども、起こっている問題のメカニズムをアセスメントするというときにはもう一段階上があると思います。

複雑な問題というのはいくつかの要因が絡み合って形成されていることが多いので、どんな要因がどんなふうに絡まって問題が形成されているのかというレベルに行けると、このモデルがより活きると思います。

4　整合性

それからもう一つ、フォーマットをみていただくとわかりますが、一番左の情報と、それらをどのように評価したのかということ、そしてどの要因とどの要因が絡み合って問題が形成されていると理解したのか、そこからどのような支援課題が抽出されているのか、その支援課題に対して具体的にどのようなプランを立てるのかという、この「横のつながり」がすごく大事です。

私はこれを「整合性」と呼んでいます。「このアセスメントの根拠になった情報やエピソードはこれで、そのアセスメントからこういう支援課題が抽出されて具体的なプランが立つ」というのが整合

表１　ひきこもりの包括的アセスメント
Global Assessment for Social Withdrawal：GAW

第１軸	ひきこもりに関連する情緒体験・症状
第２軸	パーソナリティと発達の特性
第３軸	心理的資質 psychological mind
第４軸	ひきこもりに関連する身体的問題
第５軸	ひきこもりに関連する環境要因の評価
第６軸	社会的機能水準の評価

近藤直司『青年のひきこもり・その後』（岩崎学術出版社，2017）より

性です。

５　ＧＡＷは生物・心理・社会モデルの応用型

それから、私が前書で提案した「ひきこもりケースの包括的アセスメント（Global Assessment for Social Withdrawal：ＧＡＷ、表1参照）」という枠組みがあります。詳細は前書を参照していただきたいと思いますが、これは生物・心理・社会モデルの応用型です。ひきこもっている人についても、通常の生物・心理・社会モデルでアセスメントするのであれば、それで構わないんですけれども、生物・心理・社会モデルは極めて包括的で、幅が広すぎて、どこに焦点を当てるか、どこが優先順位が高いのかを判断するのが難しいと思います。もう少し細かい軸を立ててひきこもり問題に特有の観点に目が向くようにということを意図して六軸構成にしたのがＧＡＷです。

６　ＧＡＷの構成

六軸の構成は以下のとおりです。

第1軸はひきこもり関連する情緒体験・症状。その人がひきもこも

りに至ったような精神症状とか情緒体験ですね。

第2軸はその人のパーソナリティと発達の特性。診断は求めていないので、たとえば発達特性を把握して、この人には具体的に説明する必要があるんだとか、視覚的に確認できるとこの人は記憶に残りやすいようだとか、そういう関わり方が考えられると良いと思います。

第3軸は心理的資質。考える力や語る力ですね。

第4軸はひきこもりを生じさせるのに関連した身体的な問題があればここに記載します。

第5軸は環境の評価です。たとえば学校に行きにくくなっているのであれば、学校の状況はどうなっているのか、職場に行きにくくなっている人がいれば職場の状況は彼らにとってどうなっているのかというような評価になるし、ひきこもり状態になっている人にとっての環境はおおむね家族だけになってくるので、家族との関係がどうかということが評価されます。

第6軸は社会的機能水準の評価、どのくらいの社会参加が当面目標にできそうかというような評価になるわけです。

これらのアセスメントと、そこから導き出された治療・支援方針は、新たな情報・理解が得られると上書き・修正されるものです。

7　事　例

この六軸に沿って事例を一つ、紹介します。事例は、「強迫症状のために勉強・進学を放棄した優等生」

としましたが、事実を大幅に改変し、いくつかのケースを組み合わせた架空の事例です。

書字の書き直しや過剰な整理整頓などの強迫症状を主訴として精神科医療機関を受診した十五歳、中学三年生の男児。初診から数回の診療で把握できたのは、もともとは活発で、周囲からは、勉強や部活動、仲間関係など、あらゆる領域で優等生とみられていたが、両親はそのような本人を、完璧主義で過剰適応の傾向が目立つと捉えていたということであった。中学二年生の秋頃から強迫症状が生じ、字の書き直しのために必要以上に時間がかかることを理由に勉強をやめてしまった。三年生になって一旦は持ち直したが、二学期の成績がおもわしくなかったことで再び気持ちが折れてしまったという。

薬物療法により強迫症状は軽減したが、三年生の秋以降は、字が読めない、思うように字が書けないと訴え、受験勉強には手がつかなくなった。勉強や登校を放棄してからは強迫症状が目立たなくなり、ゲームや動画ばかりの無気力な毎日が続いたが、その後、先々の不安を訴え、学校に戻りたいと言うようになり、連絡を絶っていた友だちと連絡をとりはじめた。本人の受診は不定期であるが、おもに母親に対して、これまでになかったような感情を表出し始め、自分の知識や才気に比して級友たちの程度の低さが不愉快であると述べたかと思うと、一転して過剰な自己批判に転じたりもする。あるいは、本当の自分は周囲が考えているような優等生ではないとも述べるようになった。

第1軸としては、当初は強迫症状と気分の易変、無気力、意欲低下が中心であったが、強迫症状については、失敗に対する不安が基盤となっていたように思われるし、勉強をやめる理由になったという点で疾病利得としての側面もあったと思われる。次第に将来の不安や孤独感、焦燥感を訴えるようになっており、問題に向き合えるようになりつつある。

第2軸としては、完璧を好む強迫的なパーソナリティ傾向が目立つ。最近の言動から新たに理解できたこととして、周囲と自分との優劣が気になり、尊大さと厳しい自己批判との間を動揺するところから、自己愛的な傾向とも捉えられる。

第3軸としては、当初は契機なく意欲低下や気分の落ち込みが生じると述べるのみであったが、現在は不安、孤独感、焦燥感に向き合えるようになりつつある。まずは母親に対して自身の内面を語れるようになってきており、心理的資質が向上してきていると捉えられる。

第4軸としては、特記事項なし。

第5軸としては、両親は本人に対して一貫して寛容な姿勢を示してきたようである。勉強や学校生活を回避するようになってからも、本人の成長を待とうとする姿勢を示し続けており、現時点では、本人が前記のようなパーソナリティ特性を身につけていった経緯が把握できていないが、父親の真面目さに同一化したのかもしれない。両親間、父親と本人、母親と本人の関係性はいずれも良好であり、このことは本事例の強みと捉えられる。

第6軸としては、もともとの社会的機能は高かったことから、過剰適応や強迫的な傾向が緩んでくれば、これまで以上に適応が改善することが期待できる。本来の学力からすれば、一旦は不本意な進学になるかもしれないが、高校生活で仕切り直しを図ることができれば、その後の成長に期待できる。

以上のようなアセスメントと経過から、現在の薬物療法を継続しつつ、頑張り過ぎない自分を受け容れ、〝低空飛行〟を認めることを促すようなはたらきかけを継続することとした。この方針は両親との間でも共有できているし、家族関係は良好なことから、本人に対して一定の影響を及ぼすことができるものと思われる。

8　枠組みだけでは不十分

ひきこもりケースの包括的アセスメント（ＧＡＷ）を研修や支援の現場で使ってもらったりした印象について少しお話したいと思います。

生物・心理・社会という枠組みとか、ひきこもりの包括的なアセスメント（ＧＡＷ）、これらはともにアセスメントの枠組みですけれども、こうした枠組みを埋めようとか、あてはめようとするだけでは不十分だと思います。特にＧＡＷの方はひきこもっている人のことを把握・理解するためにどこに目を向けるのかというエリア・領域を具体的に示したことになりますが、そこに目が向いたとしても、それぞれをいかに深く理解できるかを考えることが必要です。

また、なんでひきこもっているのかを明らかにすることが重要なのはもちろんなのですが、この後の支援に役立つポイントに目を向けるということも重要です。たとえばこれまでの経過でこの人が伸びてきたところとか、今後伸び代がありそうなところとか、そういうところはぜひ目を向けたいポイントです。こういうのは一人でやっていてもなかなか身につかないので、一緒に事例を検討する仲間がいたり、良い指導者がいる環境にいる人は有利だと思います。

9　第2軸「パーソナリティ」をアセスメントすること

第2軸は「パーソナリティまたは発達の特性」ということにしてあります。「発達の特性」はだいぶ理解が普及してきて、多くの人が発達特性を捉えられるようになってきているのですが、「パーソナリティの特性を捉えよう」というとまだ敷居が高いようで、研修でもよく質問を受けます。パーソナリティというのは「認知・思考・行動のパターン」と定義されていると思います。「認知」というのは物事の捉え方、「思考」というのはその人に特有の考え方、「行動」というのは振る舞い方ですから、物事の捉え方、考え方、振る舞い方についてのその人の比較的いつも共通するパターン、それがパーソナリティということになります。そう考えるとあまり難しい話ではないと思います。

子どもにも、もちろんパーソナリティはあるわけで、物事や対人関係をどんなふうに捉えやすいか。何でもすぐに自分が悪いと思う子もいるでしょうし（認知）、怒られたらどうしようということばかり考えている人もいるでしょうし（思考）、これは嘘をついてでも罰を逃れないと大変なことになると思えば嘘をついたりします（行動）。そういうのが身についていれば、それはその時点でのその人のパーソナリティとして捉えられるわけです。

ただ子どもの場合は、環境が変わったり、年齢によってはまだまだパーソナリティが大きく変化する可能性があるので、パーソナリティ障害は十八歳未満では診断しないなんてことが決まっているわけですが。それでも、子どもにもその時点でのパーソナリティはあります。パーソナリティというのはそんなふうに捉えるとハードルが下がると思います。

10　心理的資質（第3軸）という視点の重要性

第3軸には心理的資質という軸を置きました。これは、その人とこれからどんなふうに関わっていくかを考えるときにすごく重要な軸だと思います。これも前書で説明したことの繰り返しになるかもしれませんが、心理的資質というのは大まかに言うと「考える力」と「語る力」のことです。資質が高い人だと判断すれば、一緒に深く考えていくということや言語的な面接が可能になると思いますし、大人でも現時点ではそれほど資質が高くないと判断すれば、これからどんなふうに社会参加していくかといった実際の活動のことを話題にしたり、いま抱えているこの問題をどのように解決するかということを具体的に話し合ったり、そういう面接を選択するかもしれません。

子どもだからという理由で画一的にプレイセラピーを選択する方がいますけれども、子どもの中にも考える力や語る力のすごく優れた子がいて、そういう子どもが自分の話を聞いてほしいとか、一緒に考えてほしいと思っているときにプレイセラピーを提案して、実はすごくがっかりさせている可能性があると思うのです。年齢によってステレオタイプに決めるのではなく、子どもであれ大人であれ、考える力と語る力を評価してその人にあった面接を組み立てていくということを考える。そういうときにこの第3軸はすごく重要になってきます。

11 「わかった」という感覚と「わからない」ことの自覚

この第5講は「その人を理解する」ということがテーマになっているわけですけれども、たとえば土居健郎先生が遺された『新訂 方法としての面接』(5)という名著があります。この本の中で土居先生は「わかるということ」という章を立てておられて、精神科的面接の勘どころはどうやって「わからない」という感覚を獲得できるかということにかかっているとか、ここはおかしい、妙だ、よくわからないという勘をいかに養うか、ということを強調されています。

これはそのとおりなのですが、もうちょっと手前の段階から考えてみると、わからないということが自覚できるためには、自分なりに「わかった」という感覚とか、いまの時点で自分なりに「わかった」と思ってそれでどうするかを考えることができる、そういう経験がないと、「わからない」ことに気がつけないと思うのです。

土居先生は精神科医ですし、医者は皆、多かれ少なかれそうではないかと思うのですが、診断がつくと、とりあえずそのケースについてわかった気になれます。本当はそんなに十分わかったわけではなくても、とりあえず何かしらの症状が聴取・把握できて、ＤＳＭか何かに当てはめれば何かしらの診断がつくというところでだいぶ安心できるので。とりあえずわかったという気にはなりやすいのだと思います。

だけど、医者以外の専門職は自分で診断するということは普通あまりしないので、「わかった」という感覚がもてる機会が医者よりもさらに少ないのではないかと思うんです。

そうだとすると、まずは「わかった」という感覚、たとえばストンと腑に落ちる感覚とか、思わず手を打つような感覚とか、「これならいい支援ができそうだ」と力が沸いてくるような感覚とか、奇しくもいま言った三つはいずれも身体的な感覚ですね。そこまでいかなくても、当面このアセスメントと方針でやっていけるだろうというような感覚をまず知ることが先に必要なんだと思います。その感覚をまず体験した上で、わからない感覚を自覚してそこを深めていきなさいというのが土居先生のおっしゃっていることだと思います。

前書で提案したひきこもりケースの包括的アセスメント（GAW）や生物・心理・社会モデルを使いこなして、「自分なりにわかってやっている」という感覚をもつことを体験してもらいたいと思います。強調しておきたいのが、「いまの時点では『こう思う』」ということです。支援を継続していると新たな発見や新たな気づきは常に生じますから、その新たな理解を修正・上書きしていくという、それをずっと繰り返していくのが実践における「『その人』を理解すること」であろうと思います。

第5講文献

（1）近藤直司：医療・保健・福祉・心理専門職のためのアセスメント技術を高めるハンドブック 第2版．明石書店、二〇一五．
（2）近藤直司：青年のひきこもり・その後．岩崎学術出版社、二〇一七．
（3）渡辺俊之、小森康永：バイオサイコソーシャルアプローチ．金剛出版、二〇一四．
（4）ナシア・ガミー著／村井俊哉訳：現代精神医学原論．みすず書房、二〇〇九．
（5）土居健郎：新訂 方法としての面接．医学書院、一九九二．

第6講　不安の発達論的ヒエラルキー

1　はじめに

第5講ではアセスメントについて述べました。ひきこもりケースのアセスメントとしては、不安・恐怖の性質や程度を把握することがとても大切なので、そこをもう少し掘り下げてみたいと思います。

2　精神症状の病態水準

精神症状の重さ・軽さを評価する際に、「神経症水準」、「境界水準」、「精神病水準」という考え方があります。神経症水準の症状の特徴は自我違和性と現実検討能力が保たれることとされています。たとえば強迫症状の場合、クライエントが「こんなに気にしなくてもよいはずだと自分でも思うけれども、それでも気になって仕方がない」と述べると、この人にとって強迫症状は自我違和的であり、現実検討能力が保たれている「神経症水準」と評価されます。それに対して、「いいえ、自分の顔が醜いので周囲の人たちが変な反応をするのです」と述べ、その確信に揺るぎがなければ「精神病水準」と評価されます。その中間が「境界水準」ということになります。

3　発達論的ヒエラルキーについて

人の精神・心理的な発達理論にはさまざまなものがあります。精神分析的な発達論としては、たとえば精神性発達理論に基づいた、口唇期、肛門期、男根期、エディプス期といった段階があります。この発達段階に起源をもつ不安として最も低次なのは、対象に呑みこまれ自分を失う不安や対象喪失の不安、その次は重要な他者からの愛情や是認を失う不安、さらに自分の男性性を脅かされる不安、最も高次なのは超自我によって生じる道徳的不安ということになります。

その他、分離―個体化理論に基づいた発達論もあります。この場合、最も低次な不安は共生期に由来するもので、性質としては、自己が崩壊・消滅するような破滅不安、あるいは対象と融合し、呑みこまれる不安、自己が断片化し、統合を失う解体不安などです。その次の段階が分離不安や見捨てられることに対する不安やパニック、最も高次なのが超自我不安（道徳的不安）ということになります。

これらに通底する信念・前提は、発達段階の早期に起源がある不安・恐怖ほど病態水準が低く、成熟した段階に由来する不安・恐怖ほど病態水準が高いというものです。私自身はそれらの前提の全てを信じてはいませんが。

たとえば、いずれの場合も超自我不安は最も発達段階が高いとされていましたが、超自我不安にも発達段階があります。最も低次なのは親に処罰される不安で、これを「人格化された不安」とも言います。その次の段階は内的な規範性に反する不安で、これは「非人格化された不安」です。最も発達段階が高いのは自我理想に反する不安であると言われています。

たとえば六歳の子どもに万引きをしない理由を尋ねると、「お母さんに叱られるから」と答えます。これは人格化された不安です。十二歳の子どもは、「お母さんに叱られるから」とは言わずに、「万引きはいけないことだから」と答えるでしょう。母親からの罰を恐れているのではなく、内的な規範意識が形成されたことの表れです。二〇歳の人は一見したところ同じような答えをするかもしれませんが、「自分がなりたいのはそういう人間ではない」、「自分の理想に反することになる」といった自我理想に反する不安を含むはずです。

また超自我については、その性質が重要です。緩すぎても困るし、反対にあまりに過酷で残忍な超自我を内在化していれば、その人はいつも規範に縛られ、少しでも違反すれば罰せられるという恐れを抱きながら窮屈な人生を送ることになります。

4　迫害不安と抑うつ不安

こうした不安・恐怖の発達論的ヒエラルキーの一つに、クライン学派の発達理論(註)に基づいたものがあります。迫害不安は発達の極めて早期に由来するもので、「……される不安」です。抑うつ不安はもう少し発達した段階の不安で、対象を傷つけたことへの罪悪感を伴う「……してしまう不安」です。

迫害不安は分裂—妄想ポジションと言われる発達最早期の心のあり方に特徴的です。自己や対象の捉え方は部分的で、「そこしか見えない」段階です。抑うつ不安はもう少し高い発達段階に特徴的なものでゃ、自己や対象を全体的に捉えられるようになっています。いくつか臨床例をあげてみます。

被虐待児の入院症例です。彼は常に大人に虐待されていると確信していて、いつも「自分だけが叱られる」、「この病棟のスタッフはみんなぼくのことが嫌いなんだ」と訴えます。治療スタッフが数カ月にわたって丁寧な関わりを続けた結果、彼の捉え方には変化が生じます。「みんながぼくを嫌っている」とは言いつつも、「頑張ったときには褒めてくれる」とも言うようになっていますし、「さっきはぼくが言いすぎたかもしれない」と他者への配慮を伴う不安を抱くことができるようになりました。

次の例は養育困難を訴える母親についての二つのパターンです。一人目のお母さんは、自分の赤ちゃんについて、「この子は私を憎んでいるので育てられない」と訴えます。別のお母さんは、「どうしてだか自分でもわからないけれど、この子のことが可愛いと思えない。こんな私がこの子を育てたら、この子を傷つけてしまう」と言います。

もう一つ、強迫性障害の発症機制についてです。小学六年生のAくんは手洗い強迫に苦しんでいます。彼は強迫症状が生じた契機を明確に記憶していて、「クラスに万引きしたりする奴がいて、そいつのことを『汚い奴だ』と思ったときから自分の身体が汚いと思うようになった」と言います。「仕返しされると思ったのか、そんなことを考えてしまって申し訳なかったと思ったのか、どちらだろう?」と尋ねると、彼は即座に「仕返し!」と答えました。おそらく何か汚い方法で報復されるという迫害不安によって生じた強迫症状なのでしょう。彼がもっと成長したときには、「奴にもいろいろな事情があるのだろう。一方的に汚いと決めつけたのは気の毒かもしれない」と言うようになるかもしれません。
最後はゴミ屋敷の事例です。たとえば「うちの委託業者が片付けを手伝ってくれますから、利用しませんか」という援助者の提案を受け入れない人たちがいます。ある人は「迷惑をかける」、「申し訳ない」という気持ちが強すぎて支援を受け入れられません。別のある人は、「あんたは自分一人では何もできない」と批判されているように感じて支援を受け入れられません。また、批判されているように感じて支援サービスを受け入れられない人は、援助者を批判的で厳しい母親のように見ているのかもしれません（これについては「第9講　転移・逆転移の使いみち」も参照のこと）。

第6講文献

Ｉ・ザルツバーガー・ウィッテンバーグ著／平井正三他訳：臨床現場に生かすクライン派精神分析．岩崎学術出版社、二〇〇七．
ナンシー・マックウィリアムズ著／成田善弘監訳：パーソナリティ障害の診断と治療．創元社、二〇〇五．

（註）クライン学派の発達理論：Klein, Mは、出生直後から四～六カ月頃の乳児の原始的な心の態勢を妄想―分裂ポジションと呼び、部分対象関係、原始的防衛機制、迫害不安をその特徴とした。その後、乳児は、より全体的な対象関係を体験できるようになり、対象への感謝や思いやりなど、より成熟した感情が生じてくる。この時期に特徴的な不安の性質が抑うつ不安である。いずれのポジション（心の態勢）も大人になって以後も心の中に存続し続けていると考えられている。

第7講　面接の質を高める
――伝え返しや受容・共感・傾聴を卒業する

1　アセスメントしようとする姿勢がインテイクを変える

第6講に「不安」のことをはさみましたが、第5講が「理解すること」だったので、その人のことを理解するためにどういう面接が必要なのかということを改めて考えてみたいと思います。

第5講ではアセスメントするということについて、またアセスメントの定義についてもお話ししました。自分なりに「わかった」という感じがもてるということが大事だということもお話ししました。アセスメントしようという姿勢をもちながら面接すると、いろいろなことが変わってくると思うのです。その一つとして、インテイクが変わると思うんです。どういうふうに情報をとるのかという初期のインテイクが。

2　管理職として経験したスタッフの変化
——聴くことと訊く（尋ねる、問う）こと

私は医者以外の職種の人たち、心理職、福祉職、保健師などと長く一緒に仕事をしていました。多職種から成るチームに対してアセスメントをはっきり定義して、こういうことをやれるようにしようという目標を示したわけですけれども、そこで経験したのは、半年とか一年くらいやってみると、明らかにアセスメントの力量が上がるということです。

「ずいぶんよくなったな」と思った頃に、何が変わったのかということをスタッフに尋ねてみたことがあります。そうしたら、みんなは「面接が変わった」と言っていました。それまでどういう面接をしていたのかと聞くと「傾聴していた」というんですね。「受容・共感・傾聴」を教えられているから、とにかく聴いていたと。だけど、聴いているだけでは、あまり良いアセスメントはできないので、もっと「訊く」、つまり問う、尋ねる、質問するようになるのだと思います。この成長・発達プロセスについては、拙書『医療・保健・福祉・心理専門職のためのアセスメント技術を高めるハンドブック 第2版』をご参照ください。

3　網羅的なインテイクとわからない部分にピースをはめるインテイク

そう考えてみると、インテイクの仕方は概ね二つに分かれると思います。一つは、問診票みたいな

感じで訊くべきことが項目立てしてあって、それに従って一通りのことを網羅的に訊くというやり方です。もう一つは第5講で述べたように、なんでひきこもりが起こっているのかというメカニズムを明らかにできればいいという考え方です。必ずしも網羅的に訊くということではなくて。

問題が生じているメカニズムがわかればいいのであれば、わからない部分をはっきりさせて、そのわからない部分にピースをはめるような面接になっていくと思うんです。そうすると第5講で紹介した土居先生の言葉のように、「どうしてどこがわからないのか」ということを考えて、そこにピースをはめるような問いかけが多くなっていくのだと思います。

また、情報を集めることとアセスメントすることの区別がつかないまま仕事をしている人は、インテイクして、集まった情報を整理して、それでアセスメントしたつもりになってしまうのですが、アセスメントの定義を心に留めて、自分なりにアセスメントできているかどうかを自問していれば、それだけで終わりにはならないはずです。

4　わからないことはケースに訊く

対人支援に携わる人たちにとって、「わからないことはケースに訊く」という「格言」があります。どうすればいいのかとか、あの人にこういうふうに対応するのがよいのか、ああするのがよいのか、どっちがいいんだろう、なんてことで悶々とするときが誰にもありますが、これはご本人に訊いてみるのが一番早いんですね。

「いま私はこういうお手伝いAと別のお手伝いBという二つを考えているのですが、どっちがあなたのお役に立つだろう」と尋ねてみる。ご本人がはっきり「Aにしてほしい」と言ってくれれば、悩む必要はなくなります。「わからないことはケースに訊く」という、これは誰が言ったか知りませんが（私かもしれませんが）、なかなかよい格言です。これでもって、しばしばわからないことがスッキリします。

5　ひきこもりエピソードへの注目とインテイクにおける説明の重要性

次に、ひきこもりケースのアセスメントをしていこうとするときに、それまでその人が経験したひきこもりのエピソードを詳しく聞いていくということを提案したいと思います。

第10講の「初期面接や初診で留意すべきこと」の中でも触れることになりますが、ひきこもりエピソードというのは、たとえば不登校になったことがあるとか、職場を辞めたことがあるとか、以前通っていた相談機関を中断したとか、医療機関に通っていたけど行かなくなったといったエピソードです。

できればこれらを詳しく訊こうということをよく研修で話すんですが、ご本人にとってつらい過去のことを話題にしようとするよりも、もうちょっと未来志向のほうがいいんじゃないかというご発言やご質問をいただくことがありますし、そうは発言しないけれど、そのように考えている人は結構いらっしゃると思うんです。それはそれで一理あるし、なにも、いま、そこでどうしても聞かなきゃいけないわけでもないとか、おっしゃることはごもっともと思うときもあるんですが、もし話してもらえるのであれば、やはり聞いておけるといいと思うんです（第10講を参照）。

ひきこもりエピソードの何が大事なのかというと、相談支援を中断したとか、医療機関に行かなくなったとか、ご本人に「もう行きたくない」とか「行ってもしょうがない」とか思うようなことがきっとあったので、それがなんだったのかということを伺っておくと、今回、自分が同じ失敗をしないで済むかもしれないということです。もう少し言えば、その人がひきこもるパターンが見えてくると、今後の支援に役立つからです。ですから、できれば聞いておきたいと思うんです。

そのときには、やはり説明が大事です。「以前の相談と同じようなことでガッカリさせることのないようにしたいので、差し支えなければ伺えますか」、とか、「いま思い出して話すことが、もしそんなにつらくなければ伺っておきたい」とか。「つら過ぎるのであれば、ご無理のないように」と言い添えます。そういう説明があるかどうかでだいぶ衝撃が和らぐと思うんです。ただ嫌なことを聞かれていると感じるのと、自分たちがそれを参考にして、いい支援につなげたいということをきちん説明される違いは大きいと思うんですね。

6　その人に関心をもつこと

第5講ともつながりますけれども、なにより「その人に関心をもつ」ということが大事で、面接もそうありたいと思うんです。

医者でも、医者以外の職種の人でも、患者や来談者に困っていることを聞きたがる人が多いようですね。「困っていることを一緒に考える場です」とか、「困っていることを聞かせてほしい」とか。でも、不登校になっている子どもや、ひきこもっている大人の人で、そう訊かれて、すぐに困っていることをペラペラしゃべる人ってあまりいませんし、診療や面接が困っていることしか話せない場になりますよね。だから、困っていることだけをテーマにするのはいかがなものかと思います。その人のことを知ろうと思ったら、もっといろいろなことに興味・関心を持てばいいのに。

たとえば、高校での適応に苦労していた高校生が大学受験を控えて哲学科と心理学科に興味があると話しています。その人が哲学や心理学にどんなふうに興味があるのか、ぜひ訊いておきたいと思うのです。とりあえずそれは「困っていること」ではないけれども、自分がその人の自己実現を手助けする立場にいることを実感できるかもしれません。

7　「困っていること」と「面接の目標」に囚われない

あと、面接・相談の目標を立ててクライエントと共有するということをすごくやりたがる援助者がいますね。これも私としては、あまり好みじゃないというか、なんというか。

当面の目標を立ててそれを共有する。「目標を三つ立てましょう」なんてやり方もあるらしいですね。ということは、面接ではその三つに関連することしか話せないということなのかなあ、なんて思ったりして。その人に関心をもってその人のことを知ろうとするということは、もう少し自由なものなのではないかと思うんです。

ちょっと話が広がってしまうかもしれませんが、たとえば面接の最初のひと言をみんなどうしているんだろうって思うんです。私はここ数年、「いかがですか」って言うことにしています。いまのところ、「いかがですか」が最もオープンだと思うからです。「いかがですか」では何を話していいのかわからなくて困るという人もいるので、困る人には説明しておきます。何を話してくれてもいいということであるとお伝えして、それで毎回「いかがですか」って訊くことにしています。

それだけで一気に面接の自由度が上がるかというと必ずしもそうでもないとも思うけれど、だけど困っていることと当面の目標だけに囚われない面接をするためには、いろいろな工夫ができるのではないかなと思うんです。その人に関心をもって知ろうとすることをお勧めしたいと思います。

8　専門家としての自負と矜持

心理の大学院生が教わっている面接技法に「伝え返し」というものがあるらしいですね。受容・共感・傾聴と伝え返し。共感といっても、「つらかったんですね」とかいう程度の共感。

私は、専門職には「自分が専門家として請け負ったのはその程度の仕事ではない」という自負と矜持をもってもらいたいと思うんです。「大変でしたね」とか、「よく頑張りましたね」とかね。もっと、ホントのホントにその人のことを知り、ちゃんと理解し、力になろうとするのならば、その程度の面接にはならないだろうと思うんです。その程度のことを言うために引き受けているのではないという矜持をもってほしいと思います。

伝え返しや、おうむ返しのような単純なミラーリングについて、ネヴィル・シミントンが強く批判している一文があります。少し長くなりますが、引用します。

非常によく起こる一種のミラーリング反応については少し述べておきたいと思います。たとえばある患者が入ってきてこう言うとしましょう。「私は今日ここへやってきましたが、気持ちが滅入っていました。だから本当は来たくなかったんです」。治療者は答えます、「落ち込んでらっしゃるんですね」。これではなんの意味もありません。ミラーリングのかわりに、治療者にはすべき仕事があります。ぺらぺら喋るかわりに、なぜその患者は落ち込んでいるのかを考えなくてはなりません。（中略）この種のミラーリング反応は、きっとそれを教える特別な専門学校でもあるに違いないと思うほどよく起こっています。（中略）なぜ来たくなかったのか治療者は知らないかもしれませんが、ぺらぺら喋るかわりに考えることはできます。精神療法において治癒の過程は一人の心からもう一人へと伝わるものであり、言葉は精神的な姿勢を、相互に行き来して運ぶ乗り物です。言葉を発するときにはそのことを考えてください。「さっきのはどんなたぐいの乗り物だったのだろう？」と自問してください。

クライエントがなぜ落ち込んでいるのかを考える必要があるし、また、なぜそのことをセッションの冒頭で述べたのか、その意図や治療関係に思いを巡らせることを勧めているわけです。その先には精神分析でいう「解釈」ということが大事になってくるのでしょうけれども、第12講で述べるように、この「解釈」というのがまた難しくって、ただ本当のことを言い当てるだけではその人にとって何の助けにもならないことがある。伝えるタイミングや伝え方がすごく重要になってきて、技術的にいくらでも上があるということだと思います。こういう技術を身につけるためには、やはりどうしてもスーパービジョンとか教育・指導を受けることが必要であろうと思います。

第7講文献

近藤直司：医療・保健・福祉・心理専門職のためのアセスメント技術を高めるハンドブック 第2版．明石書店、二〇一五．

ネヴィル・シミントン著／成田善弘監訳：臨床におけるナルシシズム．創元社、二〇〇七．

第8講　支援の目標は何か

1　子どもや若者を支援するときの目標

厚生労働省の「ひきこもりの評価・支援に関するガイドライン」には支援段階の概念図が示されています。問題がひきこもりですから、ひきこもりを治すこととか、社会参加できない人が社会参加できるようになることとか、そういう支援目標がガイドラインにも示されています。それについて特に異論があるわけではないのですが、子どもや若者の支援をするということはその人の成長や発達を助けるという観点が重要だと思うんです。

たとえば子どものケースであれば、暴力を振るうとか学校に行かないとか悪いことをするとか、問題があるから支援・治療の対象になるわけです。そうすると、暴力をなくすとか、物を盗らなくするとか、学校に行けるようにするとか、ということが目標になるわけです。それについても異論はないんですが、だけどそれだけの支援・治療で良いのかということも考えるわけです。

子どもや若者の支援は、やはり成長や発達を助けることが大事です。そう思ってはいても、実際に問題行動を示している事例に対峙するとその問題を解決するということばかりに頭が行きがちです。

それでも、成長・発達を助けることにも目を向けたいと思います。

それから青年や大人になっている人たちは、その人らしい選択ができるようになることが大切だと思います。援助者が決めることではないので、その人がその人らしい選択ができるようになって、自分の選択がこれでいいと思えるようになれば、それは概ね良い支援だと思います。

2　成長・発達を促すこと

その人の成長や発達を助けることを考えていくならば、「乱暴をしなくなる」とか、「学校に行けなかった人が行けるようになる」とか、そういうことばかりじゃなくて、たとえば、その人が安定した自己感を持てるようになること、その人なりのアイデンティティがしっかりしてくることなどが大事になるし、内的な対象関係(註)が穏やかなものになって、その結果として実際の対人関係も安定してくることも大事です。年齢に応じた欲求や希望を抱いて、相応の葛藤や不安を体験して、それを年齢相応のやり方でそこそこ解決できるなんてことも大事になってきます。それからさっき物を盗る人の例も出しましたが、適度な超自我をもてるようになるなんていうことも大事です。

超自我っていうのは、キツすぎるとすごく窮屈な人生になるし、緩すぎると人から信頼されない人になってしまうので、適度な超自我がもてるようになることも大事です（第6講を参照）。

自分のことを自分でコントロールできる自律性や感情を統制すること、つまり感情を爆発させないでコントロールできるようになることや待つことができるようになることも大事なテーマです。あとは、自分の置かれている環境に自分らしいやり方で適応できるようになっていくこと。それから、さきほども出ましたけれども心理的資質が高まること、考える力や語る力が身についていくことなどですね（第5講を参照）。

ざっと考えみても、子どもや若者の成長・発達を助けるというのはこのようないろいろな領域に及ぶことなので、暴力を振るわない、学校に行くことができる、物を盗らない、それはそうなんだけれども、もっといろいろな領域で人は成長・発達するというイメージをもつべきだと思います。

3　発達障害と判断したときに生じる気の緩み

もう一つ述べておきたいのは、いま話してきたような成長・発達のイメージが、支援の対象者のことを発達障害だと判断した途端に、一気に緩んでしまうということが起きていると思うんです。発達障害だと思うと、その人にわかりやすい情報提供の方法は何かとか、その人が過ごしやすい環境を整えることとか、その人にあった仕事の仕方とか、自己理解とか、そういうことにしか目が行かなくなる。

それ自体にもとくに異論があるわけではないのですが、発達障害、あるいはなんらかの発達特性をもった人にも自己感やアイデンティティがあるし、対象関係や対人関係があるし、いろいろな欲求や

（註）内的な対象関係：精神内界（内的世界）における自己と対象との相互交流の性質のこと。それが、その個人の考え方や振る舞い、現実（外的）な対人関係のあり方（つまりパーソナリティの特性）を規定しているという対象関係論の考え方に基づく。

葛藤・不安があるし、適度な超自我を身につける必要がある。そういう点では何ら違いはないはずです。しっかり一緒に考えてあげる援助者がいれば、心理的な資質が高まっていく人もたくさんいます。それが発達障害だと判断した途端に、いろいろな領域の発達に目が向かなくなったり、「その人に伸び代がある」というイメージが薄くなるようです。環境を発達特性に合わせてあげるという発想も大事なことですが、その結果として、その人が伸び代を発揮できるということが理想的なので。

それから発達障害の人にも特有の傷付きというのがいろいろあるので、そのように考えると本格的な面接・心理療法の対象になる人がたくさんいると思うんです。だけれども、発達障害となるとすぐに就労支援や社会参加の話題ばかりになって、心理療法、カウンセリング、心理的支援の対象というイメージが一気に薄くなるように思うので、ここは強調しておきたいと思います。

第9講　転移・逆転移の使いみち

1　転移について

よく知られているように、転移も逆転移も、週四回以上、寝椅子を使った精神分析の実践の中から見いだされた現象です。それ以外のセッティングに安易に援用するのは慎重でなければならないことは言うまでもないのですが、そうは言ってもこの考え方はいろいろな場面に使えます。

特に子どもの入院治療などをやっていると、それまでの人間関係がまともに病棟の中の人間関係や治療関係に影響します。ある意味では、入院治療や入所施設なんていうのは、週四～五回の精神分析よりもっと関係が濃厚で、転移・逆転移ももっとあらわれやすいのかもしれません。

そんなわけで、慎重さが必要であることを認識しつつ、転移・逆転移は必ずしも精神分析の専売特許じゃないかもしれないと、そう考えてみたいと思います。

転移っていうのは、その人が援助者・治療者を、過去に出会った誰のように見ているのか、援助者の側からいえば、「私が誰にみえているのか」ということです。

そうだとすれば、来談している人や受診している人に対応する治療者、援助者の年齢、性別とか、あるいは態度とか言葉遣いとか、そういうことがすごく影響するかもしれない。たとえば私みたいな年恰好の男性が若者や子どもに会っていると、父親にみえやすい可能性が最も高いと思います（小さな子どもにとっては祖父かもしれませんが）。そうなると、とくに父親との間で嫌な体験をしてきた人とか、傷ついてきた人は、こちらをみた瞬間、どうせわかってもらえないとか、この人に相談したくないとか、そういう気持ちが湧いている可能性があります。

2　逆転移について

次は逆転移です。逆転移というのは転移と反対で、その人と関わっているときに、支援者の側、自分の側に浮かんでくる感情のすべてのことです。

逆転移の使いみちは、これもいろいろなところで説明されていますし、そんなに目新しい説明でもないと思いますが、序言でも述べたように、むずかしいケースに関わっている福祉職の人などに、こういう見方があるということを理解していただけると、大変な仕事をしているときの支えになるのではないかと思います。

逆転移の使いみちの最初の一つは、自分が自分の逆転移に気づこうと意識していることで、感情的に反応してしまうことに少しブレーキをかけやすくなります。いま自分がイライラしているとか、腹が立っていることとか、無力感でいっぱいになっていて「もうこれは無理ですね」って言ってしまいそうになるとか、そんなようなことですね。

それからだんだん複雑になりますけれども、次に、私がその人の親になっている可能性に気づくという使いみちがあります。細々したことをすごく口うるさく助言したくなるときとか、たとえばそういうときです。そのクライエントには、過干渉なお母さんにずっと細々と指示をされ、逃れられずにきたという生活史があったりして。それで、よく考えてみると、あんなに嫌だってクライアントさんが言っていた過干渉で口うるさいお母さんに援助者自身がなっているのかもしれない、そういう気づきですね。これが二つめです。

三つめはさらに複雑なんですけれども、私が彼、彼女、つまりクライエントになっているということに気づくという使いみちです。これはいろいろ言うよりも、例をひとつお話しします。

どこかからの帰り道だったと思うんですけれども、電車の中で出会った高齢の女性のことです。この人はずーっと独語を言っているんです。電車で独語を言っている人というのはときどき見るんですよね。よく見るのは自閉症と思われる人で、その人はテレビのコマーシャルのセリフをずっとブツブツ言っていたり、あと「電車が好きなんだな」と思われる人が車掌さんの言っていることを同じように繰り返していたり。そういう独語を聞くと「あ、この人は自閉症の人なんだな」ってすぐにわかりますね。

その晩出会った女性は自閉症じゃなくて、その内容を聞けば妄想型の統合失調症の人だということがすぐわかるような独語でした。その人が大きな声で訴えているのは「奴ら」っていう悪い一味がいて、その「奴ら」にいかに自分がひどい目に遭わされてきたか。たとえば自分の身体の中に蛇を入れられたっていうことであったり、いかにその人たちにひどい目に遭わされて悲惨な思いをしてきたかをずっと喋っているんですよね。すごく大きな声で怒っている。そういう独語です。

私はちょっと離れたところで立っていたんですけれども、最初はすごくイライラして腹が立ってきたんですよね。「うるさいな」と思ったし、「周りに座っている人たちが『うるさい』って言えばいいのにな、『黙ってくれ』って言えばいいのにな」と思ったりして、とにかく最初すごく腹が立ったんです。それでもその人はずっと独語を続けています、「奴ら」に対する批判をね。

ずっーとそれが耳に入ってきて、その後に感じ始めたのは虚しい感じです。すごく虚しい感じがしてきました。

そして「さっきのイライラ、腹立たしさとか、いまの虚しさは何なんだろうな」と考えてみると、どっちもその女性のものなんじゃないかと思い至りました。すごく腹が立っていて、怒っていて、「奴ら」に対する怒りに満ち満ちている彼女ですから、そういう腹立たしさやイライラのミニチュア版でしょうけれども、それを私が体験していたのではないかという可能性ですね。

その後に感じた虚しさも、もしかするとそうです。というのは、彼女はたぶんそんなことをもう何十年も経験してたくさんの人に訴えてきているんだろうけれども、そんなことを言えば言うほど人は彼女から遠ざかっていきますよね。うんざりしてくるし。言ったところでだれも彼女の力になれないし。そういうすごい無力感というのを抱えながら生きてこられた方なんだろうというふうに思うと、私が少しですけど感じたどうしようもない虚しさや無力感というのは、彼女が感じている無力感の何十分の一くらいのものなんじゃないかと思うわけです。逆に言えば，彼女はその何十倍の無力感を抱えて生きてきた人なんじゃないかということになります。

こういう現象は，いろいろな支援の現場で日常的に起こっています。別の一例です。

Aさんは自傷行為のために身体障害をもつに至った女性です。彼女はいくつかの障害福祉サービスを利用していましたが，些細なことで援助者に激しい怒りをぶつけ，それ以降の支援関係を拒絶することを繰り返していました。彼女を激昂させ，無能であると罵倒され，二度と来るなと拒絶された援助者は一様にひどく傷ついていましたし，またいつ地雷を踏むかと怯えていました。Aさんの生活歴において母親は特別な存在でしたが，母親はとても拒絶的な人で，Aさんもそのことで繰り返し傷ついてきたようでした。彼女は同じやり方で援助者を傷つけていましたし，何人もの援助者が体験していたのは，Aさんが体験してきた傷つきであったようです。

こういうものが三番目の「私が『彼・彼女』になっていることに気づく」というものです。こういう現象がなんで起きるのかというと，よく精神分析でいわれる投影同一化という現象です。

投影同一化は，たとえばこれはよく言われる例ですけれど，裸足で目の前を歩いている人が机の角に足の小指のところをぶつける，それを見ている人が思わず「あ，痛っ」と言って首をすくめる。これってどっちの痛みだかどっちの体験だか，一瞬境界がなくなる瞬間です。よくミラーニューロンの説明で使われるたとえ話ですけれども，どっちの体験なのかどっちの感情なのかどっちの痛みなのか，一瞬境界が曖昧になることは生活の中でいっぱいあります。イライラが伝染するとか，落ち込みが感染るとかね。投影同一化というのはそういう、境界が曖昧になるような現象のひとつなんでしょうね。

それで、さっきの電車で出会ってしまった彼女についていうと、彼女が抱いている激しい怒りとかどうしようもない無力感、そういう彼女の感情や彼女の一部を投影された（投げ込まれた）私がそれに同一化したという、そういう現象だというふうに説明されます。

これが支援にどう結びつくかというと、たとえば彼女みたいな人にずっと妄想の話を聞かされていて、もうイライラしたりうんざりしたりどうしようもない無力な感じがしてきたときに、「この人がその何倍のものをずっと体験してきた人なのかもしれない」と考えると、ちょっとこっちが正気に戻るというか、ただ嫌な人で腹立たしい、何もできない、どうしようもないケースだって思うだけじゃなくて、それを伝えたからといってすぐに「はいそうです、わかってくれてありがとう」というようなことにはならないのですが、こちらが正気に戻って、「大変な思いをしてきた人なんだろうな」と少しは共感しやすくなります。そうすると、感情的に反応しないで済むかもしれません。この項の最初で紹介した使いみちの、感情的に反応してしまうことにブレーキをかけやすくなるということです。

こうしたことが、逆転移という現象と、それをいろいろな臨床場面でどう使うかという話です。

3　転移─逆転移の活用例

この講の最初に、「精神分析以外のことで転移のことを言うのは慎重になるべきだ」と言いつつ、入院治療はもっと濃厚に転移が現れると言いました。たとえば子どもの入院治療の現場でこの転移・

逆転移が役に立つ例をひとつお話しします。

これはある研修医が事例検討会に出したケースだったのですが、すごく大変なケースでした。その子自身もいろいろ大変な問題を抱えている子でした。対人関係もうまくいかなくて学校に適応することと、同年代の仲間に適応することもすごく難しい子だったし、家族関係もすごく悪かった。なので、入院治療でやるべきこととしては、本人の対人関係の指導や助言も必要だったし、学校生活をどうやり直すかということも課題だったし、家族関係をどう修正するかも課題だったし、とにかくやるべきことが山積しているケースでした。

そのケースの主治医というのは普段はものすごく献身的な臨床をする研修医でした。だけれどもそのときは妙に治療課題やプランが薄くて、アッサリしているのです。「『もうそろそろ退院してもらおう』と、私も治療チームも考えているのだ」と言います。どうも普段の彼の臨床と違うのです。それで、事例検討では、「なんかいつもの君らしくないじゃないの」という話になり、どうしてなんだろうかということを一緒に考えました。そしたら、彼は「自分もチームもなんとかしてあげたいという気持ちになっていない」、と気づき始めました。

そもそものケースはどういうケースかというと、ずっとネグレクトされてきたお子さんのケースでした。誰かに助けを求めるということも完全にあきらめているようなお子さんです。どうも入院した初期に一回病棟での人間関係のことで相談に来たことがあったようなんだけれども、スタッフは、あしらったわけじゃないと思うけど、そのとき対応できなくて「あとで聴くよ」って言ったのかもしれないんですよね。そしたらそれっきり彼女はなんにも言ってこなくなった。「やっぱりダメだ」と思ったのでしょうね。

病棟の中で再現されていたのは「どうせ何を言ってもダメだ」と思っている彼女と、なんとかしてあげなければいけないと思っていない大人との関係ですね。それが再現されているわけです。そのことに気がついた主治医は、自分たちが「なんとかしてあげなければいけない」という気持ちになっていない関係性に気がついて、やるべきことをもう一回整理してみようと考えられるようになった。こうしたものが転移・逆転移の使いみちとしての好例ではないかと思います。

第11講で、ひきこもっている人と自分の間に特有の悪循環が起きるということを述べますが、これも逆転移という視点で捉えてみると良いと思います。

4　内的なひきこもりケースにおける逆転移の活用

それと、内的なひきこもりの強い人たちを理解しようとするのはとても難しいことです。率直に話してくれませんし、自分の内に入れようとしない、内面を表に出さないようにするからです。こういう人たちと相対したときに、その人を理解しようとする唯一の手がかりが逆転移となることがあります。第12講ではそんなケースを取り上げました。その試みが必ずしもうまくはいっていませんが、逆転移を唯一の手がかりとして理解しようと試みたケースであると思って読んでいただけると、少しはわかりやすくなるかもしれません。

前書『青年のひきこもり・その後』では、「内的ひきこもりへの心理療法的アプローチ」の章でさらに詳述しました。興味のある方はご一読ください。

第10講　支援関係を形成することが難しいケースについて

1　初診や初回面接で起こること

ひきこもっていた人が、誰かに促されてようやく来談したり受診したりしたときに、援助者・治療者が「どんなことにお困りですか」と尋ねると、「いやべつに」っておっしゃるんですよね。さらに、「ずいぶん長い間、社会的な活動ができないで過ごされてきたそうですね」と言うと「いやべつに、やろうと思えばすぐにでもできるのですが」というようなことをおっしゃったりする。でも、やらないんですけどね。

第2講でも話したように、そんな出会いにだんだん医者のほうもイライラしてきたりして、思わず「あなたどこも悪くないですよ」とか、「すぐ働けばいいじゃないですか」みたいなことを言う。それを言われたご本人は、「自分がそうやって働くとかってことがどれだけ大変かっていうことをあの医者はまったく理解していない」なんてすごく怒ったりして。それで医療機関を紹介した相談機関に対しても、「もうあんなところに行かない」って言ったりして。そういうミスマッチを生じるんですよね。来てはいるけど積極的に治療支援を求めない、やろうと思えばできるんだくらいのことをおっしゃる。ここで相談したいことは特にないとおっしゃる。「ただ言われてきただけだ」みたいなことをおっしゃったりもする。まず、こういう現象について考えてみたいと思います。

2　事例性について

事例性については第2講でお話ししました。この事例性を振り返ってみることから始めたいと思います。

事例性としてまとめられているいくつかの観点のうち、「誰の、どのような認識と動機付けによって問題とされた（事例化した）のかという心理・社会的な観点」について考えてみます。

たとえば精神科の外来にいらしたとか相談機関にご本人がみえたとしても、ご本人の問題認識でいまそこにその方がいらしているかどうかといえば、必ずしもそうとは限らない。家族に促されてしぶしぶやってきた方がいたり、相談機関で勧められてやっと精神科医療機関にきたものの、本人はいまひとつ納得してないとか。あるいは子どもの事例だと、学校の先生やスクールカウンセラーからとにかく医療機関に行くように勧められて来たけれども、実は子どもも家族もまったく納得していない、なんていうことがあります。

そうだとすると、まずご本人は必ずしもそのつもりで来ているわけではないということ、支援を求めることに消極的な方と出会っている可能性を念頭に置いておく必要があります。

3　変化のステージについて

それから、これと同じような考え方なんですけれども、家族療法の分野の、人が問題の解決に向けてどのように変化していくかというプロセスを表したProcheskaらの考え方を紹介します（中釜：二〇〇八、生島：二〇一六）。「熟考前段階」「熟考段階」「準備段階」「行動段階」「維持段階」の五段階から成ります。

まず、「熟考前段階」というのがあります、これはまだ自分の問題として捉えていないような段階です。たとえば、子どもがああいう状態なのは、妻が子どもを甘やかしているからだとか、お父さんが厳しすぎるからだとか、「向こうが対応を変えてくれれば事態は変わるのに」としか考えていない段階です。

次は「熟考段階」です。「熟考」っていうと深く考えているっていうことになりますけれども、もっと葛藤的な状態です。このままじゃいけないとは思うけれども、まだ本当に自分が何かを変えるべきなのかというとまだ迷いがある段階で、かなりデリケートな段階です。ここで何か乱暴なことを言われると「やっぱりやめた」ということになってしまう。

次は「準備段階」で、「やっぱりこのままじゃだめなんだな」っていうことを考え始めている時期。「行動段階」は実際に、たとえば子どもへの働きかけを今までのやり方を改めて、変えてみようと試してみる気持ちになっている段階。

「維持段階」は実際に関わり方を変えてみて、うまく行き始めたことを続けていこうと思う段階ですね。

そうすると、たとえば外来にご本人とご家族が来たときに、ご家族はもしかすると準備段階くらいにいるかもしれないけど、ご本人はまだ熟考前段階にいるかもしれないし、お父さんとお母さんと子どもで来たときには三人ともこのプロセスの段階の違うところにいるかもしれないわけですね。誰がどこの段階にいるかっていうことを考えて、先に進んでいる人に焦点を当てて面接を進めていくのか、遅れている人に焦点を当てて足並み揃えていくのかというようなことを考えるときに便利かもしれないですね。

外来や相談機関に本人がなんとか来ているけれども、実際はどのあたりの段階にいるのか、一緒に来ているご家族はどの段階にいるのかということを考えてみることが、支援を求めることにまだ消極的な人を理解するときに、手がかりになるだろうということです。

ひきこもりケースの場合で言えば、ご家族は、「やっと本人が病院に行く気になってくれた」とか、「何かを変えなければいけないと考えるようになった」とか思うかもしれないけれども、ご本人はまだその心づもりになっていないなんてことは十分ありえることだと思うんです。本人さんがその気になっていないのに、「では検査をしましょう」とか、診断だとか、薬を飲んでみないかとか、そんなことを言うと、そこで本人さんは尻込みして二度と来ないかもしれない。

ご本人が医療機関とか相談機関に一応来ているけれども、準備段階や行動段階に至っているかどうかは必ずしもわからない。そう考えると、ご本人を相談機関や医療機関に紹介した人たちがいる場合には、その紹介のあり方っていうのがとても重要になってきます。

さきほども言いましたように、学校の先生やスクールカウンセラーの問題認識で一応事例ということにはなったけれども、ご本人やご家族はそれが問題だというふうには思っていない可能性があるわけです。そうだとすると、とにかく医療機関に行ってくれとか、とにかく検査してきてもらってくれとか、医療機関で児童思春期臨床をやっていると実際にそういう紹介が多いんですけれども、それではうまくいかないことがしばしばあります。

4　他機関紹介の際に必要なこと

他の機関に紹介するときに、まず学校なら学校現場、教育分野の方たちが、そのケースを十分にアセスメントして、どうして医療機関に行く必要があるかということをきちんと説明ができて、それでご本人やご家族が同意していれば、そんなにギクシャクした初診にはならないはずなんです。だけれども、必ずしもここが十分ではない場合が多いようです。

そうすると、アセスメントと同時に、「説明する力」っていうのがすごく重要になってきます。ネットワーク支援ということを考えるときに、この説明力というのはとても重要なんです。「なんでその機関に行く必要があるのか」とか、「行くとどんないいことがあるのか」とか、「本人やご家族にどんなふうに役に立つのか」ということを十分に説明できれば、つながった先で話が噛み合わないようなリスクは格段に減りますね。

それから、さきほどもお話ししましたように、熟考段階というのはまだ葛藤的だったり、非常にデリケートな段階なので、この段階にある人にあまり乱暴な受診勧奨をするとかえって裏目に出る場合があるということを、専門機関に紹介するときに頭に入れておいていただきたいし、紹介する立場にいらっしゃる方には知っておいていただきたいと思います。

5　援助要請の抑制因子について

それから支援を求めることに消極的であるという課題について、心理学領域の研究では、「援助要請の抑制」とか、援助希求に関する研究論文がたくさんあるようです。たとえば大学生が大学生活に困っているときに、学生相談や保健管理センターに相談する人もいるけど、しない人もいる。それで、相談する人はいいんだけれども、しない人はどうして相談しないんだろうかという研究ですね。

いろいろな抑制要因があるようで、たとえば「人に相談することで負担をかける」とか「迷惑をかける」とか、「面倒くさい思いをさせる」とか、そういうことを心配する人たちがいます。それと逆に、「自分が傷つけられる」とか、「自尊心を脅かされる」とか、そういうことを心配する人たちもいます。この傷つけられる不安とか自尊心を脅かされるというのは、まとめれば迫害不安ということになろうかと思います（第6講を参照）。

それから羞恥心、「こんなことを相談するなんて恥ずかしい」とか。それから偏ったイメージ、たとえば「そういうところに相談する人たちっていうのはもっとすごく重い人たちなんだ」とか、「精神疾患を発症している人が相談するところなんだろう」とか、ある種のスティグマでしょうかね。そういうことを考えるがために、援助要請ができない人たちがいる。

それとジェンダーについても指摘されているようですが、全般的に言うと女性のほうが人に頼ったり相談したりってことがしやすい。男性のほうが「そういうことは男らしくない」、「男たるものこんなことを人には言えない」とか。個人差はあるんでしょうけれども、全体としては男性のほうが相談しにくいということが指摘されています。

6　先行転移について

第9講で転移について話しました。援助者に会った瞬間に、過去の誰かとの嫌な体験を想起したり、嫌だと感じた人と援助者がダブって見えているかもしれないということも述べました。会った瞬間とか、雰囲気とか言葉遣いとか態度とか、そんなことに反応する人もいるかもしれないわけです。

そう考えてみると、初診の前に「男性医師を希望」とか「女性医師を希望」とかいうことがありますよね。これも、それまでに年長男性との間で傷ついたとか、年長女性との間で嫌な思いしたとか、そういうことがその希望に現れている可能性がありますよね。

もしかすると会う前からなんらかの転移が生じているかもしれない、という考え方のことを「先行転移」と言います。これはラングスという人のアイデアです。会う前からなんらかの転移が形成されていて、治療者・援助者に対してネガティブな空想をしていれば、出会ったときに支援を求めることに消極的な現象に結びつく可能性があります。今、私との関係で支援を求めることにどうも消極的にみえるけど、それはもしかするとある種の転移で、これまでの誰かとの人間関係がそこに反映している可能性があるという、こういう考え方です。

7　初期面接や初診で留意すべきこと

以上が、本人が支援を求めることに消極的であるという現象のいくつかの可能性です。もっといろいろあるかもしれませんが、「事例性の問題」、「変化の過程ステージの捉え方」、「紹介のあり方」、それから「援助要請の抑制要因」、「先行転移」なんてことを取り上げてきましたので、そういったことに目を向けてみながら、「初診や初期面接でどんな注意が払えるだろうか」ということを考えてみたいと思います。

(1) 事例性に注目する

まずは、第2講で話した事例性に注目してみましょう。誰の問題意識と動機付けによって今この人はここに来ていて、今私とこの人はどういう経緯で会っているのかという、ここにまず注目したり興味をもったり関心を払う必要があります。かならずしもご本人の問題意識と動機付けがない場合があるからです。ご本人の問題意識や動機付けが十分じゃないとすれば、時間をかけて関係づくりに努めるということがより一層大事になってくるかもしれません。

それから、場合によっては無理につなげようとしないで、次の機会を待つこともあります。これは最近の子どもの臨床でよくあるのですが、発達の問題があるかもしれないから検査を受けなさいなんて言われて、ご本人とご家族が受診してくる。それで、「学校の先生がそうおっしゃってるようだけれども検査するかい？」と尋ねると、子どもは「絶対ヤダ！」なんて言う。親御さんにも「いかがですか」って尋ねると、「いやぁ、学校がうまくやってくれていないだけで、家族としては何も困っていない」なんてことをおっしゃったりする。

そうすると、無理に検査をお勧めしたり、医療機関に続けて来なさいってことを言うよりも、それでも来てくださったことをねぎらって、今回の受診はいささか不愉快な体験であったということを共有して、もしなにか先々困ることがあったら、ここも相談先の一つとして考えてもらいたいってことをお伝えして、それ以上は不愉快な思いをしていただかないで早く切り上げたほうがいいかもしれないです。今後のことを考えてそんなふうにする場合も、実際の診療場面ではあります。

それからちょっと相反することを言うようですけれども、ご本人がはっきりした目的を語ってくれなくても、つまり面接や診療の目標が共有できなくても、とにかくなんとかつなげるということを考えるべきときもあると思います。この講の冒頭で申しましたように、ひきこもり状態にあった人に、何か困っていることがあるのかとか、これからどうしたいのかとか、ここでどんなことを希望しているのかなんてことを共有しようとしても、ご本人はそれをおっしゃらない、共有できないことはしばしばなので。だとすると、目的にこだわらないで、「とにかくなんとか来ていただければそれでよし」というふうにまずは考えることが必要なときがあります。

このことはどうも多くの援助者の方にインパクトがあるみたいで、研修などでこのことを話すと、「えっ?」という顔をする人がいます。心理カウンセリングの仕事をしている人なんかは、とにかくまず最初に目的を共有するってことをやろうとするので、「目的が共有できなくってもつなげる」と言うとびっくりするみたいですが、ひきこもりケースに関わる人は、こういう場合もあると思っていたほうがいいです。

目的が共有できなくてもいいし、はっきりしなくてもいいからとにかく来てもらうっていうことを考える必要があるときもあると思います。面接の目的を共有することに援助者がこだわっているときにも、こういう発想があったほうがいいです。じゃないと支援がスタートできないのです。

それに、「困っていること」と「今後の目標」に間口を狭められると、自分が何に困っているのかわからなくなっている人、何を相談していいのかわからなくなっている人、自分に何ができそうか見当もつかなくなっている人にとっては、何も話せる材料がないということになってしまいます。「その人を知る」ことが大切であるのなら、話題にしてみたいことは他にいくらでもあるはずです。

(2)　過去のひきこもりエピソードを訊くこと

それから次が、過去のひきこもりエピソードに注目するということです。過去にひきこもったエピソードのある人も多いので、それをできれば訊いておきたいところことです。例えば、不登校になったことがあるとか職場を辞めたことがあるとか、以前通っていた相談機関を中断したとか、医療機関に通っていたけど行かなくなったとか、そういうエピソードです。

これらを尋ねるということを私は比較的推奨しているんですけれども、過去の外傷的な体験にすぐに話をもっていかないほうがいいよという人がいたり、もっと前向きに未来志向でこれからのことを共有したほうがいいと強調する方がいたり、必ずしもいつも賛成してもらえるわけではないんですが。

こういうときに説明の重要性、なんでそのことを訊きたいのかというのを一言説明できるかできないかでだいぶ違うと思うんです。ここで何を説明するかというと、過去に相談したり医療機関にかかったことがあるのにそれを中断されたということは、なにか十分でない感じがしたり、不愉快な思いをした可能性があるわけですから、ここに続けて来ていただいたり一緒に考えていこうとするときに、援助者が同じ失敗をしないために訊きたいのだということをご本人にきちんと説明する。そうするとただ過去の嫌なことを訊かれているのとは違うというふうに受け取っていただける可能性があると思うので、その説明が大事なんだと思うんです。そうすると、あまり細々したことは語れないとしても、少しは教えてもらえるかもしれないです。

(3)　ネガティブな感情を早めに取り上げること

それから次は、ネガティブな感情を早めに取り上げること。これについては事例をお話してみたいと思います。たとえば児童相談所に勤めていた頃、中学生くらいの非行で相談に結びついた男の子と面接する機会がありました。

男の子はもう完全にふてくされていて、こっちの言うことに何も反応しない。ずっと黙り込んでいます。彼がここに来ることになった経緯とか、こんな悪いことをしたとか、そんなことを話題にしようものなら、さらに不機嫌になって一言も口をききません。それこそ支援を求めることにまったく動機付けがないし、関係を形成することがきわめて難しい。

しばらくそんなやりとりをしていたけれども、これでは仕方がないと思ったので、「あなたは大人のことを信用していないようだ」とか、「大人と話したってロクなことがない、って思っているようだ」ということを伝えてみました。そしたらそれまでまったく反応しなかった彼は「えっ?」という表情をして顔を上げました。その後は少しボソボソと二つ、三つ、こちらの問いに答えてくれたかと思います。面接の最後に、「きみがなぜ大人と話したってロクなことがないと思うに至ったか、それを少しずつでいいから聞かせてくれないか」ということを伝えて、初回は終わりました。

こういうことがたとえば「ネガティブな感情を早めに取り上げる」一つの例かと思います。さっき話した、過去の相談歴とか受診歴で嫌な思いをしたことなんかも早めに伺っておくなんてことも、ここに含めていいかもしれないですね。

あとは、受診・来談してみて、初診や初回面接がとりあえず最悪な体験でなければ、まずはそれだけでもいいかもしれないし、まあとりあえず来てよかったと思ってもらえればそれで理想的だと思うので、面接や診療の終了時に印象や感想を尋ねるということは、私たちができる工夫のひとつではないかと思います。今日は不愉快な思いをしなかっただろうかとか、少なくとも前回病院を受診したときのような気分ではなく終われただろうかとか、そんなことを尋ねてみるのもいいかもしれません。

（4）面接のセッティングを工夫すること

あとは、面接のセッティングを工夫するということも、ここで少しお話ししたいと思います。家族と本人の同席面接が役に立つことは第17講で話しますが、ここでも一例お話ししておきます。

事例は、ひどく不機嫌な女の子です。この子は中学生の女の子で強迫症状が生じていて、一緒に確認させられたりして、こういうのを「巻き込み」というんですけれども、お母さんは彼女の強迫行為に巻き込まれていてすごく疲れている。彼女はこれまでにいくつもの医療機関をお母さんに連れ回されていて、今日も何カ所目かの医療機関に連れてこられたわけです。

最初から彼女はものすごく不機嫌です。お母さんと彼女で診察室に入ってこられましたけど、彼女はずっとそっぽを向いてます。こっちの顔を見もしないし、問いかけにも応じないし挨拶すらもしません。ものすごく不愉快そうなので、こちらもちょっとつられて、「もうじゃあいいよ」というような投げやりな気持ちにさせられて、「そんなに嫌だったら外で待っててもいいよ」っていう言葉が喉元まで出かかるわけです。けれども、彼女には居てもらうことにして、お母さんはいろいろ話したさそうなので、彼女に居てもらいながらまずお母さんと話すことにしました。

お母さんは、これまでの長い病歴とか相談歴をお話しになりました。小学校のときに担任から非常に理不尽な叱責を受けて彼女が不登校になったことであるとか、ご両親が離婚されたこととか、ご実家に戻ったんだけれどもお母さんとおばあちゃんがうまくいかないこととか、また別居になることとか、これまでにいくつも治療を受けたけれどもなかなかうまくいかなかったことなどです。これはかなり長い話でした。

その後でお母さんは、親と子と別々に面接してくれないかってことを要望されましたけど、私はできれば一緒にお願いしたいですというふうにお断りしました。そしたらこういうことを長々と話された後に、お母さんに「私はどうすればいいのか」ということを問われました。Ｈｏｗ ｔｏ式の解決方法ですね。それで、私は「わかりません」と答えました。「これまでに学校でどんなことがあったとか、ご家族でどんなことがあったのかとか、いくつも治療を受けたけどうまくいかなかったという話は、今のお話でわかったんですけれども、その都度その都度お嬢さんがどんな気持ちでいたのかっていうことがまだまったくわからないので、今の時点ではどうしていいかがよくわからない」ということをお伝えしました。それで、「お母さんと娘さんは、幸いお家では話ができるようなので、今日たとえば二〇個くらい語られたエピソードの半分でも一部でもいいから、そのときにどんな気持ちだったのかということを、次のときまでにお家で聞いてきていただきたい」ということをお母さんにお願いしました。彼女はそれが耳に入っているわけです。一言も反応しませんが。

それで、二週間後でしたか、また一緒にいらっしゃいました。そしたらお母さんは、「娘とずいぶんいろいろ話ができました、それでとっても驚きました」、とおっしゃいました。娘がこんなに自分のことを心配してくれてたとは知らなかったと。夫婦がうまくいかなくなったときも、実家に帰ってうまくいかなかったときも、娘はずっと私のことを心配してくれていたってことがわかった、ということをおっしゃいました。

それで私は「とってもいい話し合いができたんですね」とお伝えして、次回はその続きをまた伺いたいですと言ってお帰ししました。三回目のときはさらにいろんなことがわかったとお母さんは報告してくださいました。その三回目のときには娘さんも随分表情がやわらかくなっていて、こちらを向いて座ったし、「あなたの強迫症状に効くかもしれないお薬があるけどどうだろうか」と尋ねると、「飲んでみたい」と答えたりしました。支援を求めることに消極的で支援関係を形成することがきわめて難しかったお嬢さんと、三回目にしてやっとやりとりができるようになりました。

こういうものが、「面接のセッティングを工夫する」というものですね。これをお母さんの求めに応じて、別々に面接していたらこういう展開にはならなかったと思います。このことについては、また第17講などで詳しく話しますけれども、面接のセッティングを工夫することで、初期のつながりにくさを乗り越えられる可能性があるんじゃないかということで、お話ししました。

8　ナルシスティックな状態

ここまで、初期の支援関係を求めることに消極的である人とか、関係がきわめて築きにくいとか、そういう人たちや状況についてお話ししてきました。「事例性」のことや「回復段階」のことはわりと現実的で意識しやすいレベルのことですけれども、たとえば「転移」なんていうのはもっと無意識的なレベルで起きていることですし、さらに深いところで起きている現象についても取り上げてみたいと思います。

たとえば、シミントンが言っている「ナルシスティックな状態」。こういうことも支援関係を深める、治療関係を形成することの難しさを考えるときにヒントになると思います。

シミントンはナルシスティックな状態をこう説明しています。「**人は人生のある段階で、他者と人間らしい関わりを持ちながら生きてゆくために必要な、かけがえのないあるものを養育者の中に求め、これ（life giver）を選びとり受け入れる。**」ある段階というのは、かなり早い時期のことをシミントンは言っているんじゃないかと思いますが。多くの人が選びとるかけがえのないもののことを彼は life giver って呼んでいます。life giver というのは生命を与えてくれる人そのものや、その人が持っている何かという意味だと思うんですが。

続いて、「**しかし、外傷的体験などをきっかけとして生命を与えてくれる人・ものを拒んで背を向ける選択をする**」と言います。ナルシシズムの病理という考え方はかなり多様な観点を含むのですが、もともとのオリジナルは「自己自身を愛の対象とする」ということで、そのために自分にばかり夢中になって非業の死を遂げるナルキッソスの神話が引用されているわけです。自分にばかり夢中になって人を愛せないってことがどれだけ病理的で不健康なことかを伝えるための神話ですよね。

シミントンはナルシシズムのことを説明するときに、愛する対象として自己を選択することしかできなかったことと、自己を選択するに至ったその事情に目を向けているわけです。ナルシシズムっていうのは自分を愛の対象に選択せざるを得なかった人たちが持つに至った病理のことで、なんで life giver を選択できなかったかということ。そして、そこに外傷的体験の影響を見出しているわけです。ここで外傷的体験というのは、犯罪被害にあったとか震災にあったとかそういうことではなく、life giver たる人との関係の中で傷つくとか裏切られるとか、そういうもっと小さな外傷の繰り返しのことを言っていると思います。

そうして、life giver を選択できずにその人との関係を拒むようになって背を向ける選択をする。すると「**人を愛することができず、自らも深く損なわれ、世界との自発的・創造的な関わりがもてない状態が生じる**」と、シミントンはもともとのナルシシズムの病理をさらに説明して、選択という考え方を加えているわけです。

この本のなかでシミントンは子どもの心理療法事例について述べています。それは八歳、男児の心理療法の事例です。「**学校恐怖でひどい非行が見られるある8歳児の心理療法から例を引きたいと思います。彼は心理療法室のいたるところに水をまき散らし、治療者が差し出したおもちゃはみな壊し、床でおしっこをし、心理療法士のスカートをめくろうとし、部屋から出るために窓を割ろうとし、という具合でした**」。まったく関係をもてないわけです。そして、「**心理療法士のできることは、ただ限界を設定することだけでした**」と書いてありますから、「それ以上はやっちゃだめだ」ってことしかできなかったということでしょう。そして、「治療が始まって約6カ月が過ぎ」ます。許さなかったのは、二人にとって危険なことで、二人の安全を守っているっていうことでしょうし、あとはとにかく六カ月もこの状況に耐えたということですよね。

これは海外の心理治療の例だから、夏休みとかに四週間とかの休みがあるんだと思うんです。「休暇が迫ったある日、その子は1枚の紙切れと鉛筆をひろって両目から2粒の涙が流れている絵を描きました。下あごに2本の小さな歯が生えていたので、それは明らかに赤ん坊の顔でした」。下から歯が二本生えているのですから、一歳とか一歳半とかじゃないでしょうか。彼は「その絵を電光石火の早業で描いた」のです。そのときに彼ははじめて暴れる以外のことをしたのだけれども、「かと思うと、また即座に例のいつもの人をあざ笑うかのような破壊的なふるまいに戻りました」。そして「心理療法士はその絵が来るべき別れに悲しむその子の中の幼児であることを理解しましたが、それはすぐにふざけた乱暴者に覆い隠されてしまいました。その子が描画のような建設的なことをしたのはそれがはじめてであり、また彼が破壊的なふるまいをたとえ1分間であれやめたのもはじめてのことだったのです」と続きます。

次の回に彼はこういうことをします。「あるゲームを発案し心理療法士を誘いました。このゲームで彼はその心理療法士に店長さんの役をさせ、ある二つのものを硬貨に見立てました。彼によると、彼はそのうち1枚しか渡したくなかったのだが、硬貨を2枚とも全部くれたらご褒美をあげると店長に言われた、というのです。『これは、かなりの賭けなんだ。だって店長にだまされてるかもしれないから』と彼は言いました。彼はためらっていましたがとうとう硬貨を2枚とも差し出しました。そして心理療法士に硬貨を手渡す間その顔をじっと見つめていました」。こういうやりとりがあって、その後彼はすごく穏やかな人になっていったという、そういう事例です。

おそらくいろいろな傷つきがあった子が、life giver になり得るかもしれない人に背を向けることしか選択できなくなっていて、それがどんなふうに life giver との関係を取り戻そうとするか、というプロセスが書かれているんです。でも彼はそれを「賭け」だと言っているんですよね。また裏切られるかもしれないから。こういうことが、ひきこもっている人との治療・支援関係にも起きている可能性があるんじゃないかってことを述べたくて、最後に追加しました。

第10講文献

生島浩：非行臨床における家族支援．遠見書房、二〇一六．
Langs R (1973) The Technique of Psychoanalytic Psychotherapy. Jason Aronson, Inc.
中釜洋子：家族のための心理援助．金剛出版、二〇〇八．
ネヴィル・シミントン著／成田善弘監訳：臨床におけるナルシシズム．創元社、二〇〇七．
Procheska JO, DioClemente SC, Norcross JC (1992) In search of how people change. American Psychologist 47; 1102-1114.

第11講　支援の行き詰まりについて考える

1　三つの悪循環について

ひきこもりケースの場合、治療関係や相談支援関係がいったん形成されたかに見えても、その後に、行き詰まりが生じやすいこと、中断しやすいことについてお話ししたいと思います。

まずは、ひきこもる本人と家族との間に生じる悪循環のパターンです。これは前書『青年のひきこもり・その後』にも載っています。

第一の悪循環（図1）というのは、ご家族が焦りや不安からひきこもったご本人を一生懸命叱咤激励し、叱責したり、ときには罵倒したりしてしまって、本人は家族からの関係からもひきこもっていく。焦った家族がますます叱咤激励を強めて、本人はさらにひきこもっていくという悪循環ですね。

第二の悪循環（図2）は、ご家族が、ご本人から「俺がこんなになったのはお前のせいだ」と責められたり、場合によっては暴力を受けたりする。で、「息子がこんなになったのは私のせいだ」というふうに自責的になっているお母さんが言うことをきいて、召使いみたいになっていくという悪循環です。ここから抜け出すのは大変です。

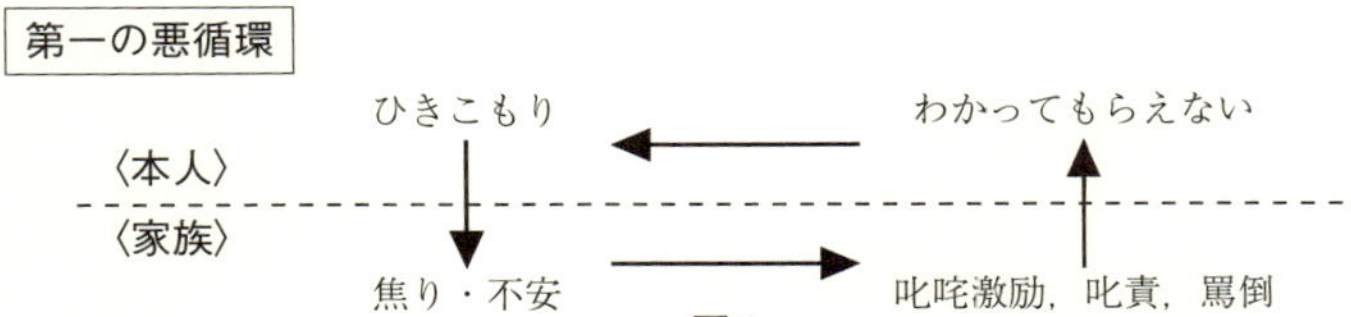

図１

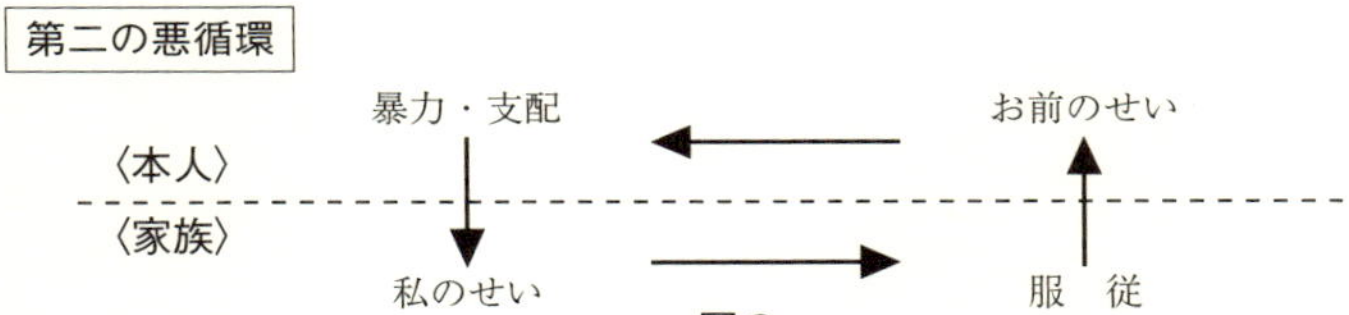

図２

第三の悪循環（図３）は、もう何も考えたくないし、何もしたくないと思っているご本人と、今は放っておくのが一番いいんだというふうに、ある種の合理化ですけれども、なんにもしないという選択をしてしまったご家族によって起きている悪循環ですね。なんにもしないご本人となんにもしないご家族のペアですから、なんにも起きない。

2　治療・支援関係にも起きる悪循環

ここでお話ししようとしているのは、こういう悪循環というのは、家族と本人だけに限らず、ひきこもっている人と関係を持とうとするときには起きやすい現象であって、治療関係や相談・支援関係の中でも起きるということをお話ししたいのです。これは治療支援の行き詰まりを考えるときのひとつのヒントになると思うんです。

第一の悪循環。これは援助・治療関係では、その人のことを理解しようとか知ろうとするよりも、とにかく早

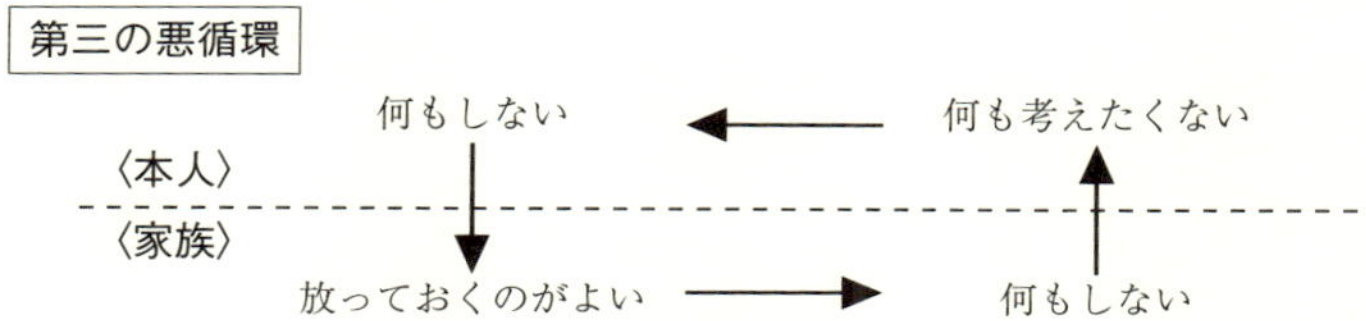

図3

くなんとか本人を動かしたいとか、社会参加させたいとか、働いてほしいとか、そういうことで治療者・援助者・支援者も頭がいっぱいになっている状態です。もっと早くできないのかと背中を押したくなる。それで本人もだんだん尻込みしていっちゃうみたいな関係です。

第二の悪循環。家族関係の中で起きるほど露骨に治療者・援助者が批判されることはそんなに多くはないけれども、やっぱり微妙な圧力を感じて、この人がこんなにうまくいってないのは自分（治療者・援助者）のやり方がよくないんだとか、自分がうまくできてないんだとか、自分が無能なんだとか、自分の努力や勉強が足りないんだとか、そういうことしか考えられなくなっている状況です。

第三の悪循環。これは一向に動きのない事例、動けないその人にだんだんうんざりしてきて、この事例について積極的に考えようとか理解しようとかという動機付けを失っているような状態です。

こういうことって、ひきこもりケースの支援に関わった人はどなたもご経験があると思いますが、このいずれかの関係に自分が身を置くことになるのだと思うのです。第一と第二の悪循環は、サド・マゾキスティックな関係の裏表と言えるかもしれません。第一は、親が一方的に本人を責め立て、本人はやられる一方ですし、第二はその反対です。第三は相互のひきこもりです。

三つのタイプについて話しましたけれども、これらに共通していることはなんだろうって考えてみると、第5講で述べた、理解しようとする姿勢を見失っているっていうこと、あるいは、ご本人と対話しようっていう意欲を失っていることがこの三つに共通していると思うんです。

たとえばご家族の場合でいうと、第一の悪循環にいるご家族は、「うちはそんなことはない」とおっしゃったりします。「うちは息子と対話をしている」とおっしゃったりするけど、その多くは対話ではありません。それはご家族が息子さんに早く働けとか言っているだけで、対話ではない。「できるはずだ」という押し付けであったり、叱咤激励であったり、ひどいときは罵倒だったかもしれない。たぶん息子さんのほうは、家族と対話しているとは全く感じていないですよね。だからそういうときには、ご家族にそれは対話じゃないということをご説明します。

でも、自分（治療者・援助者）がこういう関係に身を置いているときにはなかなか気づきにくいものです。まず自分が、根気よく対話をしようとか、その人を理解しようとする姿勢を失っていることに気がつけるかどうかということだと思うんです。この悪循環のどこかにいる自分に気がついて、まずはそこから抜け出して、ご本人と対話しよう・理解しようとする姿勢を取り戻すことが、行き詰まりを抜け出すひとつの方法だと思います。

第二の悪循環なんかは必ずしも悪い面ばかりじゃなくて、自分が十分にできてないんじゃないかってことを考えてみるのは決して悪いことではないと思います。ただ、ときとして自分ができてないことばかりにある意味夢中になって、「我々（援助者とクライエント）はどうして行き詰まってるのか」ということを本人と話し合う展開にならないというわけですよね。これも本当はご本人と話し合うのが理想的なんだと思うのです。

3　中断・ドロップアウトを防ぐ

次は、中断やドロップアウトをどんなふうに防げるだろうかということについてです。行き詰まりを打開して中断やドロップアウトを防ぐことへのいくつかのアイディアです。

まず、中断やドロップアウトがどんなふうに起きているかですが、ひとつは、これは比較的初期でしょうけれども、ご本人が緊張感に耐えられず、来られなくなるということに注意が必要だと思います。

自分の失敗だったと思う事例を話します。何年も家にいた人がやっと「なんとかしなくちゃ」という気持ちになって、医療機関にご家族と一緒にいらした。この人はとても愛想のいい方で、ニコニコしてるんです。それでこちらの問いかけにもすごくニコニコしている。だけど、もう次から来れなかったんですよね。無理してたんだろうな。

彼の過剰適応に援助者が気づかなかったのだと思うんです。彼はこちらにサービスしてくれていたんだと思うし、自分の緊張や不安をなんとか笑顔で覆い隠していたんじゃないかと思うんですけれども、そこに気がつけなかった。私は、その勤務先で始めていた若者が集まれるようなグループに彼を誘ったんですよ、初回にね。第10講で話した「変化の段階」を見誤ったとも言えます。それで彼はもう、耐えられなかったんじゃないかと思うんですよね。

それから、前書では土居健郎先生のご著書『新訂 方法としての面接』の中から、受診の際の動機付けに注目した分類を参考にさせていただきました。土居先生が例示している動機付けの中には含まれていないんですけれども、ひきこもりケースの中には、「家族は自分のことを全然わかっていないし、これまでの援助者も全然ダメだったんだけど、この人なら自分のことがわかるはず」というような、援助者をかなり極端に理想化して受診・来談する人がいます。続けて来てもらうためには、いったんはその理想化を引き受ける必要があったりするんですが、だけどそういう極端な理想化はいずれ幻滅につながるのは仕方のないことで、そういう極端な理想化や幻滅で中断やドロップアウトの危機が起きるということもあります。

あとは、取り上げる順序が逆かもしれませんけれども、自分が預かりしらないところで来なくなる人もいるようです。医療機関の場合だと受付スタッフの対応とかですね。初診のときにご本人がすごく怒って診察室に入ってきて、何を怒っているのかと思ったら受付のスタッフの対応について憤慨してらっしゃった方がいらっしゃいました。第9講でお話ししたような、「誰にみえた」ということだったのかもしれません。スタッフの年齢や性別、態度なんかがご本人のネガティブな対人関係のツボにハマっちゃったのかもしれません。

その方はお父さんとの間で不愉快な思いをしてきた人でした。威圧的で、かなり恐いお父さんらしいんだな。一般的にいえば、受付スタッフはそんなに失礼な対応ではなかったかもしれないけど、彼は受付スタッフにお父さんを見てしまったのかなという気がしますね。ある種の転移っていうのは、どこで起きているかわからないですね。

これもご本人はあまり教えてくれないんですけれども、向かい合わせて座るような対面式の待合室で、向かい側にいる人の視線に耐えられない人とか、待合室がダメだっていう人がいますね。面接室の配置、構造、それから発達障害の方で感覚の過敏な方なんかだと面接室の匂いだとか、そんなことに反応して来たくなくなる人もいるといいます。こうしたことは、尋ねないと教えてくれないものなんですね。

4　予兆に気づく

中断やドロップアウトの予兆に早めに気がつくということも大事です。予兆っていうのは、たとえばキャンセルがちょっと多くなってきたとか、遅刻が増えてきたとか、来ても話せないことが増えてきたとかです。遅刻なんていうのは、ご本人に訊けば、バスが遅れたとかっておっしゃいますけど、真に受けないほうがいい場合もあります。それからキャンセルが多くなったときに、家業が忙しくなったなんておっしゃるかもしれないんだけれども、本当にそれだけかどうかはよく考えたほうがいいです。

もしも来づらくなっていることがあるんだったら、早めに取り上げたほうがいい。来にくくなっている人をほったらかしていたって何にもならないので。バスの遅れなんかもちろんあるだろうけれども、「それ以外に少し来づらくなってきているようなことはないだろうか」ということを早めに話題にして取り上げたりすることも大事なときがあると思います。

5　中断の危機を乗り越える

あとは、患者さんやクライアントさんが自分の体験を語ることの屈辱感に耐えられないということでも中断やドロップアウトは起きると思うのです。

でも、中断やドロップアウトというのは防げばいいというものでもない。来たくなくなることがなければいいというものでもなくて、来たくなくなっているところを乗り越えることにも意義があります。今回はひきこもらず、関係を切らず、そこが話し合えたりしてつながることができたら、その人は一段階、今までと違う自分や対人関係を体験できるので。中断や危機を避ける、危機が起きなければいいっていう発想だけでなく、そこを乗り切ることに意義があるという考え方も大事だと思います。

これまでだったら理想化していた支援者がそうでもないということに幻滅して「もうダメだ」と思ったところを、「全部ダメではない、そうは言ってもこういう部分はいいかもしれない」と思えるかもしれない。それでつながれたら、これは大げさに言うと部分対象関係から全体対象関係、「そこしかみえない」関係性から、いろいろな面をもつ全体的な対象として捉えられるような段階にステップアップする第一歩かもしれないので。そうやって乗り越えることである種の成長や発達を促すことができるかもしれないという、そういう考え方も大事だと思います（第6講を参照）。

でも、ステップアップしたときにも中断が起きることもあります。ひきこもりケースというのは、他機関を紹介したとき、他につなげようとしたときに切れるということがあります。自分のところには安定して来てくれていても、ステップアップしてほかの治療・支援機関につなごうとしたときに切れることがあるので、そこは丁寧にする必要があります。

第12講　心理療法において生じるひきこもりへの対応

1　はじめに

治療・支援関係におけるひきこもりについて取り上げたいと思います。とくにここで取り上げたいのは、心理療法的な面接過程において生じる情緒的交流からのひきこもりです。スキゾイド・パーソナリティ(註)と捉えても良いし、他者に背を向けるという文脈でのナルシシズムの病理（第10講参照）と捉えても差し支えありません。

2　心理療法において生じたひきこもり

前書『青年のひきこもり・その後』では、精神分析的心理療法の治療者―患者関係において生じるひきこもりについて詳しく述べました。そこで取り上げたケースを簡単に要約しておきます。

クライエントは二〇歳代の男性Aさんです。クライエントは愛想の良い人で内省性も高そうでしたので、週一日、五〇分の精神分析的心理療法に導入しました。治療開始当初、治療者はそれほど深刻な行き詰まりや長期化が生じるとは予測していませんでしたが、最初から治療者が妙にサディスティックな役回りを割り当てられるような治療関係が特徴的でした。

この心理療法過程で生じたひきこもりは、Aさんが治療者の存在や治療関係を排除して一人で思索に耽る傾向が強いこと、治療者の解釈やちょっとしたコメントも即座に否定すること、そのために治療者は傷つき、うんざりした気分になって、Aさんと交流しようとか、理解しようとするモチベーションが低下してゆくことなどに表れていました。また、いつになくクライエントに対して否定的・批判的な感情を抱くことが多いため、治療者がそのようなサディスティックな感情を持て余し、Aさんに何も伝えられなくなっていることも特徴的なことでした。

六年が経過し、お互いがひきこもったまま長期化してゆく治療状況を打開しようと考えた治療者は、できるだけサディスティック・批判的にならないように言葉を選びながら、治療者が気づいていることや理解していたことを解釈として伝えようと試み始めました（全く技術不足でしたが）。Aさんも治療者の解釈を受け入れようとする姿勢を示し始め、彼が「相槌程度のかすかな治療者の反応をみながら自分を形づくる」場として治療を利用していること、しかし交流しながら一緒に形づくることはできそうもないと感じていること、受け取っては欲しいが、言葉で投げ返して欲しくはないこと、治療者のコメントや解釈が少しでもずれていると感じると受け入れられないこと、自分の中にある感情

（註）フェアバーン Fairbairn, W.R.D. はスキゾイド・パーソナリティの特徴として、①万能的な態度、②孤立と情緒的ひきこもり、③内的現実に心を奪われていることの三点を挙げた。

は怯えと怒りばかりであることなどを語り始めました。

その後、Aさんが母親に対して抱いた激しい怒りが語られたときに、治療者はそれらが治療者に向かうことをAさんが恐れているという解釈を伝えました（これも工夫が足りません）。また、Aさんのマゾキスティック（自虐的）な傾向を話題にしたときに彼が表出した怒りの激しさに、治療者は「背筋の凍るような感覚」を覚えました。治療者がどのように反応したのか、自分の表情や態度はわからないのですが、おそらくAさんには治療者がひどく怖がっているように見えたのではないかと想像します（これも何とかならなかったものでしょうか）。その直後からAさんは強烈にひきこもることになり、治療も一時中断となりました。

こうした局面を経て、治療者はほとんど無言のまま、ただ聴くという姿勢をとるに至りました。Aさんはしばらく戸惑っていたようですが、何も言わずに聴いているだけの治療者と治療空間を自分のために活用することができるようになったようで、その後、膠着・長期化していた心理療法が終結に向けて動き出しました。

3　治療者がすべきこと

(1) 解釈すること

まず、解釈することについて考えてみたいと思います。

第10講では、ひきこもっている人にとっては、他者と建設的・創造的な関係を形成することが難しいという問題を取り上げ、ナルシシズムの病理としてシミントンの見解を紹介しました。シミントンは、「自己を愛の対象とする」というナルシシズムの定義に「選択」という観点を加えてナルシスティックな状態とその形成過程を説明しました。彼はクライエントがナルシスティックな状態から抜け出すことを助けるために解釈が重要であると述べていますが、同時に、解釈の際に治療者自身のナルシスティックな傾向を捉えようと努力し、自分とは縁のないクライエントだけの病理であるかのような批判的な解釈をしないことも強調しています。

Aさんの激しい怒りや攻撃性が治療者に向かうことを恐れているという解釈は間違っていなかったとは思いますが、正しければよいというものでもありません。シミントンが示唆しているように治療者自身のナルシスティックな傾向を含み込むとすれば、たとえば、「相手に拒絶されて傷つくこと、あるいは反対に相手を傷つけてしまうことを恐れて、お互いにひきこもっている」という相互性を強調した解釈はどうだったでしょうか。

(2) 静かな環境に徹すること

紆余曲折を経て、治療者は終盤になって静かな環境に徹することになります。おそらくこうした局面について述べていると思われるバリントの記述があります。少し長くなりますが、引用します。

患者が退行しつつ一次的対象関係を思わせる状態に近づくと、私の治療経験によれば、しばしば起こるのは、患者が「治療者はうるさすぎる、くたばってしまえ」と言い出すことである。（中略）分析者の解釈が正しくて、また分析状況を明らかにするのに有効であっても、そんなことはどうでもよくなるのである。（中略）患者が分析家の解釈を理解すべきだとか、分析家と積極的にコミュニケーションをしつづけるべきだという要求は患者にとってとんでもないことである。患者が願っているのは、かすかなサインである。（中略）一例を挙げよう。ある患者がこの状態にあって私に求めたのは「話さないでくれ、静かにしていてくれ、しかし時々ちょっと動いてほしい、たとえばそっと椅子をきしらせるとか、呼吸を聞えるくらいに大きくするとかしてほしい」ということであった。しかし、私はことばは一切使ってはならないのだった。それはことばは理解されることを求めるものだからであり、理解せよということは、この退行した状態を出て、ことばが飛び交う成人の世界に戻れということだからであった。

相槌程度の反応を頼りにしてはいるけれども、相互的な言葉のやりとりはできそうもない、投げ返さないで欲しいというAさんの語りから読み取ることができる切実なニーズは、まさにバリントが述べていることのようです。バリントはさらに、調和的な一次対象の性質を備えた治療者のあり方、つまり人の心の中にある早期の子どもの心の発達を促すために必要な治療態度を水や空気にたとえています。そして終盤の展開を見る限り、Aさんが必要としていたのもこうした治療環境であったように思われます。ただし、最初からそうしていればよかった、というだけのこととも思えませんが。

(3) 個々のケースに応じた治療態度

これまで述べてきたシミントンとバリントの治療態度は両極に布置するように思われます。それでは、どのような人に、どのようなタイミングで、どちらの治療態度を選択すべきなのでしょうか。

ローゼンフェルドは、ナルシストに対する治療態度をクライエントの精神病理に応じて選択すべきであることを述べています。彼はナルシストを皮の厚いナルシスト thick skin と皮の薄いナルシスト thin skinned に分類しています。前者は厚顔で他者の反応や批判に鈍感なナルシスト、後者は繊細、過敏で傷つきやすいナルシストというイメージでしょう（ちなみに、ここでいう「ナルシスト」は自己愛的なパーソナリティ特性のことであって、内的なひきこもりのことではないと思います）。

ローゼンフェルドは前者のようなクライエントに対しては解釈が重要であるのに対して、皮の薄いナルシストの傷つきやすさに対しては極めて慎重な配慮が必要であることを強調しています。解釈の重要性と同時にクライエントを批判しないことを強調しているシミントンの治療態度もこれに近いのではないかと思います。

第7講で、治療・相談の中断など過去のひきこもりエピソードを訊こうとするときに、自分が同じことを繰り返さないためであると説明してはどうかと提案しましたが、傷つきやすいクライエントに対しては解釈についても衝撃を和らげる配慮と工夫があって然るべきでしょう。本当は治療者が聴くことに徹するという方針やその意図をAさんに説明できれば、無用に戸惑わせることもなかったと思います（しかし、治療者にはそのように考える余裕はありませんでした。ただ、そうせざるを得なかったのです）。

4　おわりに

心理療法過程において治療者―クライエント関係に生じるひきこもりと、その治療的対応について述べてきました。平凡な結論ではありますが、どのような治療態度を選択するかは、そのときどきのクライエントの状態や治療状況を慎重に吟味した上でよく考えて決める、そしてクライエントの反応をみて必要だと思えば修正する、としか言いようがないように思われます。

また私は最近、いろいろな治療状況で「説明すること」の重要性を感じることが多くなっているように思います。スーパービジョンなどで、「ちゃんと説明した方が怪しくない」と指導することもあります。重要なのは、安全で発達促進的な治療環境をどのように整えるのかということなのでしょうから。

第12講文献

H・ローゼンフェルト著／神田橋條治監訳：治療の行き詰まりと解釈——精神分析療法における治療的／反治療的要因．誠信書房、二〇〇一．

マイクル・バリント著／中井久夫、滝野功、森茂起訳：スリルと退行．岩崎学術出版社、一九九一．

第13講　思春期臨床とネットワーク支援

1　ネットワーク支援の概念整理

私たちは平成二〇（二〇〇八）年度から厚生労働科学研究「青年期・成人期の発達障害に対する支援の現状把握と効果的なネットワーク支援についてのガイドライン作成に関する研究」に取り組み、その成果として二三（二〇一一）年四月に、「青年期・成人期の発達障害者に対するネットワーク支援のガイドライン」[1]（以下、ガイドラインと呼ぶ）を公表しました。

ガイドラインでは、まずネットワーク支援の概念を整理しました。[2,3] これは必ずしも児童・思春期臨床に特異的な内容ではありませんが、少し詳しく述べておきたいと思います。

第一に、ネットワーク支援の形態、機関同士の連携のあり方を、①協働：単一の機関では担いきれない複数のニーズを有するケースに対して複数の機関が支援すること（ただし、支援にあたる機関・援助者同士は、目的を達成するための協力関係が形成されており、少なくとも、必要に応じて連絡を取り合える関係にあることとする）、②移行：進学や就職、転居といった生活状況の変化、あるいは健康状態や支援段階の変化などによって、おもな支援機関が代わること、③コンサルテーション：他機関・他職種への専門的助言、という三つに整理しました。

第二に、協働においては、ニーズ（生活を支えるさまざまな要素のうち、現時点で欠けているもの）と支援プランとの一対性と、全体的な支援プランが過不足なくパッケージされていることが重要です。たとえば、専門職の支援やサービスの活用を必要とする支援課題が四つ抽出されたとすれば、原則として個々に対応する四つの支援プランが必要となり、それらを複数の機関・支援者が分担する構成になります（第5講を参照）。

そして第三は、有効なネットワーク支援が展開されるためには、必要なサービス・支援者につなぐ、あるいは機関同士の関係や全体を調整するなどして、機関・支援のネットワークを統合するようなケアマネージャー・コーディネーターの役割と機能が重視されるという点です。障害福祉では相談支援専門員、介護保険ではケアマネージャーがその役割を担うことが多いと思われますし、児童福祉領域では「主担機関」という言い方をすることもあります。

2　ネットワーク支援の留意点

ガイドラインでは、ネットワーク支援の留意点を以下の五点にまとめています。これらは有効なネットワーク支援を展開するために必要となる構成要素でもありますし、ケアマネージャー・コーディネーターが備えているべき技術や意識・姿勢と捉えてもよいと思います。

(1) アセスメント

協働が有効に機能するためには、まず、ケアマネージャー・コーディネーターとしての役割を担う援助者が本人・家族の生活全般に目を配り、的確に支援ニーズを抽出することが必須となります。この際には、本人や家族が述べている希望や訴えを尊重しつつ、その背後にある心情や生活状況を読み取ること、収集された情報や検査所見などを手がかりに、真に支援の必要な課題を抽出する必要があります。またガイドラインでは、アセスメントの方法論として生物・心理・社会モデルを推奨しています[4]。

この他、他機関への紹介（おもな支援機関の移行や他機関に協働を依頼する場合）にあたっては、他機関を的確に利用するための本人と家族の力量、言い替えれば、どの程度の支援があれば、確実に他機関や新たなサービスを利用できるかをアセスメントする必要があります。たとえば、紹介先に関する情報提供だけで十分なケースから、紹介先の担当者を指名して事前に連絡を付けておけばよいケース、確実につなぐために初回相談ないし数回は同行が必要なケースまで、他機関を利用する本人・家族の力量と必要となる支援の量は相補的であり、その割合はケースによってさまざまです。

(2) コスト意識

「協働」においては必要な支援を不足なく提供すると同時に、必要以上に多くの関係者を巻き込まないこと、援助者・機関同士の過剰な一体化やネットワークを維持するために生じる業務量の増大を抑えることが求められます。[5] 他機関に対して「ネットワークが大切なので、とにかくケース会議に参加してほしい」と要請するタイプの援助者もいますが、私は「それぞれが自分のやるべきことをきちんとやるのが良いネットワーク支援だと思いますので、まずはそれぞれやってみましょう」とお断りすることもあります。

また、紹介先の業務量を増やさないような配慮も必要です。たとえば発達障害のケースでは確定診断や診断書作成を目的に医療機関を紹介することがあります。この際には、本人・家族の同意のもとに十分な発達歴や知能・心理検査所見などが提供されれば、医療機関側の負担は格段に少なくなるでしょう。[2] 関係機関を集めて開催するケース検討会議を効率よく進行する技術もコストの大幅ダウンにつながります。「今日も日本の津々浦々で開かれている終わりのみえないグダグダケース会議」を減らす技術です。[4]

自治体や特定の機関が主催する連絡協議会のような会議はコストという点では大いに疑問を感じることも少なくありませんが、そこで形成された「顔の見える関係」が実際的な支援につながれば出席した甲斐もあるでしょう。

(3) 情報管理

情報の伝達は、どのような情報を、どこに伝達するのか、について本人の承諾が得られている場合に限られます（児童・思春期ケースにおいては家族の同意も必須です）。情報の収集についても同様です。情報は本人（家族）から収集することが原則であり、それ以外の方法で収集する場合には本人（家族）の承諾が必要です。ガイドラインでは、情報管理について地方自治体の個人情報保護条例に準ずることを推奨していますので、ぜひ参照してください[6]。

ただし、この情報管理の原則はかなりハードルが高いと感じる援助者も少なくないようです。情報管理の原則と有効なネットワーク支援に必要な情報交換を無理なく両立させるために必要なのは、他機関への情報伝達や他機関からの情報収集が支援に役に立ち、自らの利益につながるということを、本人・家族にわかりやすく伝えることができる「説明力」であろうと思われます（第7講を参照）。本書ではたびたび説明の重要性を述べていますが、ここで問われるのも説明する技術・力量です。本人・家族が納得できるような説明ができる援助者はそれほどの難しさを感じないと思いますし、うまくできない人は困るだろうと思います。

ただし、児童虐待や自傷他害事例などは例外です。また要保護児童対策地域協議会はその構成員に守秘義務が課せられており、民間支援団体なども含めて積極的な情報交換が期待されています。

（4）スピード感覚

支援におけるスピード感覚を意識することも重要です。ひきこもりケースでは、他機関への紹介やおもな支援機関が移行する局面では支援の中断が生じやすいと思われますし、とくに発達障害の事例などでは、新しい環境への適応が難しいことが特有の課題でもあります。こうした場合、一定期間はそれまでの支援機関も同時に関わりを継続しながら、急ぎ過ぎず時間をかけて支援機関を移行するような配慮が必要な場合もあるでしょう。

その一方で、激しい暴力や自傷行為、子どもや高齢者、障害者に対する虐待が生じているようなケースでは、家族の安全を確保する、本人の了解がとれないままでも非自発的入院の手続きを進める、警察に協力を求める、児童福祉法に基づく一時保護に向けて本人・家族と話し合うなど、速やかな危機介入が必要な場合があります。

多くの問題を抱えていて、早急に家族全体の生活基盤を建て直す必要のあるケースの場合にも、福祉事務所や生活困窮者支援の担当者、子ども家庭支援センター、児童相談所、学校、保育園など、地域の関係機関に広く協力を求め、健康保険証の発行、通院先の確保、生活保護の受給、子どもの一時保護や居住環境の整備など、まずは最低限度の生活を確保するために必要な手続きを同時進行で進める必要があります。

第4講で取り上げた中高年のひきこもりケースの場合にも、高齢化した親の病気や入院、施設入所などが一つの契機となって、孤立した本人に急いでアプローチすることになるものと思われますが、本人が拒否的であれば少しずつ支援関係を形成しつつ、今後の生活について方針を共有するのにはそれなりの時間を要するかもしれません。

また、ネットワーク支援においては機関同士のスピード感覚について意識することも重要です。たとえば医療機関の側からは、福祉機関との間に「時間の流れ」の違いを感じることが多いという指摘があります。(7) 関係機関は、現在の精神科医療機関にとって入院治療の短期化が極めて優先順位の高い課題となっていることに留意する必要があるでしょう。入院治療を依頼する場合にはその目標を明確にし、退院後の生活条件を整えるようなマネジメントを医療機関任せにしないことを心がけてほしいと思います。

(5) 対等性

ネットワーク支援に関わる機関・職種の関係は対等であることが原則であり、そこに何らかの権威性がはたらくことで、ネットワーク支援全体に思わぬ影響を及ぼすことがあります。(2) たとえば、学校や相談機関と家族が対立関係に陥っているような局面において、家族の訴えや批判に医師やベテランの援助者などが安易に同調してしまうことで対立関係をさらに煽ってしまうような場合です。影響力の強い専門職や援助者は、自らの権威性が本人や家族、関係機関の援助者、あるいはそれらの関係性に強い影響を及ぼす場合があることを自覚しておく必要があるでしょう。ただし、ネットワーク支援のケアマネージャー・コーディネーターの立場にある人は、本人・家族の利益につながるような局面では、ある種の権威性を活用するような応用力を併せもっているべきかもしれません。

対等性に関する論点として、ネットワーク支援における責任性についても述べておきたいと思います。ネットワーク支援の一つとしての「コンサルテーション」は、他機関・他職種に対する専門的な立場から助言のことですが、しばしばスーパービジョンと混同されます。コンサルテーションはあくまで助言なので、その助言を取り入れるかどうか、あるいはその助言を実行に移すかどうかは助言を求めた側が判断することであり、そのように判断した責任も負うことになります。(8) 一方、スーパービジョンは教育方法の一つです。スーパーバイザーには教育者・指導者としての責任があります。

コンサルテーションとスーパービジョンとを概念的にはっきり区別すること、そして対等性という原則からすれば、ネットワーク支援に指導や教育は含まれないということを理解しておきましょう。「専門的なことはわからないくせに抱え込んでいる」という批判や失敗が怖いのも理解できますが、専門的な助言を活用するにしても、まずは自分たちのすべきことは自分たちで考えるという姿勢が必要だと思いますし、本人や家族としっかり話し合えば、多くの場合は何らかの方向性が出せるはずです。第7講の「わからないことはケースに訊く」という格言を想い出してください。

また情報管理のところでは、情報は本人・家族から収集すること、本人・家族の同意なしに他機関に情報提供はできないという原則について述べました。たとえば、学校が家族を抜きにして専門機関との情報交換や助言・指導を求めてくることがありますが、こういうときに、「家族を飛び越して直接やりとりはしません」とお伝えすることがあります。これは学校には学校としての責任をもってほしいということと同時に、家族にも親としての責任を果たしてもらおう、ということに他なりません。子どものことを学校と話し合うのは言うまでもなく親のお仕事ですから（第18講を参照）。

3　思春期ケースのネットワーク支援とその限界

野中猛先生(9)は一般的な思春期事例のケアマネジメントについて、本人と親に対してそれぞれの支援チームが必要であること、本人への支援チームは「分離独立を果たすこと」、親への支援チームは「分離独立を認めること」が重要な支援課題になることを指摘しています。親への支援課題は、「子どもの自立を支えるための家族機能を高めること」と言い替えてもよいでしょう。ひきこもりケースでも、こうした家族機能が問題になるケースが少なくないので、とくに重要な支援課題であると思います(第14講を参照)。

また、親からの分離・自立と、親密な友人や新たな理想化対象となるような年長者との出会いは同時進行です。「横の関係」がないまま親からの自立や密着した親子関係の解消などを図ろうとしても、うまくいかないことが多いと思います。思春期ケースのケアマネジメントやネットワーク支援には多くの場合こうした視点が必要なので、信頼できる学校の先生や仲間関係の他、フォーマルな構成員ではない私塾、地域の文化・スポーツ活動やその指導者なども重要な役割を担うことがあるでしょう。

必要な支援のすべてを提供できる治療・支援機関があれば他機関とのネットワークは必要ではありません。しかし、医療や福祉、就労支援などのサービスはそれぞれがかなり専門化・細分化されていますし、(3)一般的に複雑で難しいケースほど多くのニーズ・支援課題を包含していますので、多くのケースでネットワーク支援が必要になりますが、それが必ずしもうまくいくわけではありません。たとえば児童・思春期精神科臨床では学校や児童福祉領域の相談機関などと関わる機会が多いのですが、とくに虐待ケースの場合には他機関の機能不全に失望させられる機会も少なくはありません（お互いさまかもしれませんが）。

そうかと言って、機関・援助者同士は仲良しでも質の良い支援が提供されていなければ何の意味もありません。基本的にネットワーク支援というものは期待するほどにはうまくいかないもの、うまくいかなくても全体としてそれなりの支援が提供されていればそれで十分と思っていた方がよいのでしょう。

たとえば他機関の機能不全によって必要な支援が本人や家族に届いていないことに気づいた援助者は、本来それをやるべき他機関の鈍感さや怠慢に不満を募らせることになるのですが、それが自分の手に負える範囲のことであれば、本来の役割を越えていることを自覚しながらも、当面は自分で動くことを勧めたいと思います。とくに深刻なケースでは、きれいな役割分担より早く有効な支援を提供することが優先されます。

他機関の不備を批判するのは簡単ですが、自分の気が治まる以外には誰の利益にもならないことが多いと思います。もしも重要な関係機関が見過ごすことのできないような機能不全や構造的な問題を抱えているのであれば、ケースそっちのけの押し付けっこや押し問答は避け、管理職レベルでしっかり話し合うべきでしょう。

4　ひきこもりケースにおける他機関の活用について

相談機関で家族相談から始まるようなケースの場合、本人の社会参加に伴って他機関の利用を考え始めるのは、まあまあ順調に進んでも支援開始から一～二年、ケースによっては数年後になることもあります。最初から本人が受診・来談するようなケースではもっと早い展開が期待されますが、それでも急ぎ過ぎは要注意でしょう。

本人の社会参加を考える際には、できれば社会資源の選択肢が多いことが望ましいと思います。一般的には地方に行くほど選択肢が少ない傾向がありますが、同時に働き手不足でもあるので、本人や家族が拒否しなければ、地元の地域産業に関連した短期の仕事に就くことが社会参加のきっかけになることもありますし、履歴書や診断書の要らない社会参加の手段を考えやすい一面もあるように思います。

家族の病気や加齢などで本人が家事や介護を担っていて、それも一因となって本人が家から出ることが難しくなっているケースもあります（第16講を参照）。こうした場合には、本人が自分自身の課題に取り組むことができるような環境整備が必要なので、家族に対して医療機関への受診や訪問看護、ホームヘルプサービス、介護保険サービスなどの利用を勧めますが、それらを拒否する家族も少なくありません。支援を求めない人たちの不安の性質については第6講でも取り上げました。不安の性質をできるだけ詳細に把握し、それらを不安に感じるようになった理由や経緯を話し合えれば、少しずつ先に進んで行けるかもしれません。

いずれにしても、ひきこもりケースでは新しいことに取り組む際の本人・家族の不安に十分に配慮することが必要であって、このことは社会資源の有無や支援メニューの多寡よりも重要なことではないかと思います。新しい取り組みに向う人たちや子どもを送り出す家族を支える際には、こういうことがとくに重要な視点であると思います。

第13講文献

（1）厚生労働科学研究：青年期・成人期の発達障害者に対する効果的なネットワーク支援のガイドライン．二〇一一．(http://www/rehab.go.jp/ddis)

（2）野中猛：ケアマネジメント実践のコツ．筒井書房、二〇〇一．

（3）吉池毅志、栄セツコ：保健医療福祉領域における「連携」の基本的概念整理．桃山学院大学総合研究所紀要、第三四巻第三号：一〇九―一二二頁、二〇〇七．

（4）近藤直司：医療・保健・福祉・心理専門職のためのアセスメント技術を高めるハンドブック第2版．明石書店、二〇一五．

（5）柴田珠里、関水実、桜井美佳：発達障害者支援センターと精神科医療．精神科治療学、二三（増）：六八―七四頁、二〇〇八．

（6）飛鳥井望：多職種チームアプローチにおける守秘義務問題と個人情報保護．松下正明総編集：臨床精神医学講座S5、精神医療におけるチームアプローチ．中山書店、三九九―四〇六頁、二〇〇〇．

（7）南達也：児童福祉施設と精神科医療との連携．精神科治療学、二三（増）：六三―六七頁、二〇〇八．

（8）岩崎徹也：コンサルテーション・リエゾン精神医学の概念．岩崎徹也企画編集：精神科MOOK　No．27　コンサルテーション・リエゾン精神医学．金原出版、一九九一．

（9）野中猛：思春期事例に対するケアマネジメントの工夫．思春期青年期精神医学、十三：十七―二五頁、二〇〇三．

第III部　家族のアセスメントと支援

第14講　家族相談の実際

1　はじめに

家族相談については前書で詳しく述べました。読み返してみると、述べるべきことは全て述べていて、それ以後とくに追加したいと思うことはありません。ただ読者にとって理解しやすい文章だったかというと、まだまだ工夫の余地があると思います。研修では家族相談について、もっと具体的なエピソードを盛り込んで話しているので、それらについて述べます。

2　来談者をアセスメントする

一般的には来談した家族に、ひきこもっている本人はどのような人か、どのような経緯でひきこもりに至ったのか、精神病圏の問題は生じていないか、といったことを尋ねることから相談・面接を始める援助者が多いと思うのですが、私は本人について知ろうとする前に来談している家族をアセスメントすることを推奨しています。

たとえば、家族の語りが客観的な情報として活用できるかどうかです。随分と来談者を見くびっているとお感じになるかもしれませんが、こうした観点は対人支援以外の領域でも指摘されていることです。たとえば歴史哲学の古典的名著である『歴史とは何か』において、E・H・カーは以下のように述べています。

歴史上の事実は純粋な形式で存在するものではなく、また、存在し得ないものでもありますから、決して「純粋に」私たちへ現れて来るものではないということ、つまり、いつも記録者の心を通して屈折して来るものだということです。したがって、私たちが歴史の書物を読みます場合、私たちの最初の感心事は、この書物が含んでいる事実ではなく、この書物を書いた歴史家であるべきであります。（中略）全体として、歴史家は、自分の好む事実を手に入れようとするものです。

少しばかり大袈裟な引用ですが、家族相談の場合、家族の語りは家族の好む事実であることを踏まえておく必要がありますし、家族の語りが客観的な情報として使えるか使えないかという判断が必要です。自我機能の一部を観ているとも言っても良いと思います。自我機能についての判断基準の一つは「話のわかりやすさ」であり、わかりにくい話の典型例は、「時系列の混乱」と「主客の曖昧さ」です。主客の曖昧さのことを「自他の未分化」、「自他の境界の混乱」などとも言います。以下は主客の曖昧な語りの一例です。

その1
母「うちの子は親のことが嫌いなんです」
援助者「嫌いだって言われたんですか？」
母「いいえ、そうは言いません」
援助者「どんなときに嫌われていると感じるんですか？」
母「小さいときからそうでしたから」
援助者「以前から嫌われていると感じるような出来事があったんですか？」
母「そんなことばかりでしたよ」
援助者「たとえば？」
母「そんなこと、すぐには思い出せませんよ」

この語りからは、「お母さんが息子に嫌われていると感じていること」はわかりますが、息子の心境は「わからない」と判断するべきでしょう。もう少し時間をかければ具体的な「たとえば」が聞けるかもしれませんが、そうでなければ、子どもが親を嫌っているというやや抽象度の高い表現の根拠となるような具体的なエピソードがない可能性もあります。そうであれば、これらの語りはますます主観的で、客観的な情報としては使いにくいと思われます。

こういう語りを個人の心理機制として捉えれば、投影または投影同一視ということになります。嫌悪感を抱いているのは自分ではなくて子どもの方だというわけです。

その2
母「うちの子は大学を中退しましたが，専門学校に行って税理士資格を取得しようと考えています」
援助者「息子さんがそう言っているんですね？」
母「ええ，そうだと思いますよ」
援助者「そうは言っていないのですか？」
母「いいえ，そのつもりですよ」

これも本人の希望かどうかは不明であり，「家族の好む話」かもしれません。むしろ，本人の意向はそっちのけで，親の意向を本人に押し付けてばかりいないか，その結果さらに親子関係がこじれていくことはないか，そっちの方が心配です。
こういうことに着目するようになったのは，家族の話から本人像を推測していても，実際に本人に会ってみると，推測していた本人像と実際とが大きく違うということが稀ではなかったからです。
考えてみれば，本人がどのような人かは本人に会ってから時間をかけて理解していけば良いことであって，早い時期に本人像を明らかにしようとすることが必要なのは，疾病性に基づいて統合失調症や躁うつ病などの精神病圏の疾患でないかどうかを確認しようとするときくらいではないでしょうか。それにもかかわらず本人の精神疾患や推測診断ばかりが気になるのは、医師に限らず、それで何となくわかったような気になれること、あるいは、第2講で述べた「疾病性」に基づいた家族相談や、第15講で述べる精神保健福祉法に基づく危機介入のための情報収集の名残でしょう。発達障害を考えるような発達歴を家族から聴取することもあるでしょうが、それが家族相談を進める上でそれほど役に立つとも思えません。推測診断に執心するよりも、「こだわりが強そうだ」とか、「曖昧な伝え方では勘違いが多いようだ」、「家族と本人がお互いの言葉尻にこだわって険悪な関係になっているようだ」という評価の方がずっと役に立ちそうです。

3　家族関係のアセスメント

そのように考えると、家族相談でアセスメントするべきこととして優先順位が高いのは、まずは来談者の自我機能や問題解決能力、あとは家族関係ではないかと思います。家族関係について知りたいのは、来談者と本人との関係はどうか、本人が安心して話したり相談できる人はいるのか、それは誰で、その人は問題解決に協力してくれそうか、来談している母親と父親は問題認識を共有しているのかどうか、などです。家族と本人との間で形成される「悪循環」という観点（第11講）も活用してください。

一般的に家族相談の初期には、まずは受容的に応じ、これまでの苦労を労うことなどが推奨されます。これにも全く異存ありませんが、こうした一般的な面接態度と同時に、私はもう少し積極的に家族機能や家族関係をアセスメントすることを勧めたいと思っています。そのためには、問い方、訊き方を工夫することも必要です。

第15講でも触れることになりますが、たとえば本人の暴力が問題になっているケースでは、多くの家族は暴力を振るわれたことだけ、つまり、「家族の好む事実」を話します。しかし何の理由もなしにいきなり暴力を振るう人はそれほど多くはありません。何かのきっかけで口論になったり、余計な一言が火に油を注いだりした結果、最後に生じるのが暴力です。そのやりとり、コミュニケーション・パターンを詳細に訊き取ることができれば、とりあえずその余計な一言をやめておこうとか、同じ意味だけれども別の言い方で伝えてみてはどうかなど、具体的な対応を話し合えるかもしれません。

訊き方としては、親が何をしたら本人がどのように反応したのか、本人が何と言ったので親が何と言い返したのか、といった感じです。これらを訊いている途中で、話題が子どもの頃のエピソードに移っていきそうなときや別の話題に脱線するときには話を止めて、さっきまでのやりとりのその先を改めて訊き直します。本書の序言で、私が来談者の語りを遮って陪席者を驚かせることがあると述べましたが、それはたとえばこんな場面です。

4　五回くらいでアセスメントする

前書では、来談している家族の問題解決能力についてアセスメントする際の項目として、想像力、共感性、実行力、一貫性、柔軟性を挙げました。実行力や一貫性、柔軟性については、援助者と家族が「しばらくこれをやってみよう」と話し合ったことを、次回の面接までにどのくらいできているかできていないか、すぐに反応や効果がみられなくてもまずは根気よく取り組んでみているかどうか、あるいは明らかに裏目に出ていると思われるときに少しやり方を修正してみたとか、そのままやり続けてさらに本人との関係を悪化させてしまったか、などを評価します。話し合ったことを実行できなかったのは、家族にとってハードルが高すぎたのかもしれません。たとえば、「相談に行くことを促す」が無理であったのなら、もっとハードルを下げて、「朝の挨拶を交わす」をやってもらいます。

こんな面接を数回やってみて、家族の問題解決能力と援助者自身の力量、そして自分がそのケースに対して投入できる時間・頻度などを勘案して、この来談者と自分とで何か有効な変化を生じさせることができるかどうかをアセスメントします。現在の来談者と自分とで変化を生み出せないと判断したら別の応援団を探すか、それもいなければ本人に直接アプローチすることも考えてみます。

5　家族支援の方針とプロセス

前書では家族支援の方針として、①家族相談を本人に会えるまでのプロセスと捉え、おもに本人が受診・来談すること、あるいは訪問・往診を受け入れることを目標とし、そこに至るまでに必要な手順や方法を話し合うアプローチ（受診援助、家族を介した受診勧奨）、②来談している家族にはたらきかけ、家族システムや家族と本人との関係性の変化を通して本人の問題や行動に変化を生じさせることを意図したアプローチ（狭義の家族療法的アプローチ）、③ひきこもり問題の現状や子どもの心理や精神医学的問題、適切な親役割などについて理解を深めてもらうことを目標としたアプローチ（心理教育的なアプローチ）、④本人と関わる上で親が体験している不安や葛藤を取り上げ、その由来や解決方法などについて話し合うアプローチ（洞察的アプローチ）に分けて解説しました。

①を試みようとする際にも、世間話ができる程度の関係から始めるのと、ほとんど会話もできない関係からスタートするのでは、そのプロセスも要する時間もかなり違ってきます。初回はご両親だけで来談したものの、話を伺う限りご両親とご本人の関係はかなり良好なようで、これならご本人にも来談を促すことができるのではないかと思うようなケースもあります。そのことを提案してみると、ご両親は「考えつかなかったけれど、確かにそうですね」とおっしゃって、次回にはご本人を連れていらしたという経験もあります。こういうケースは、もしかするとご本人も親が相談を勧めてくれるのを待っていたのではないか、とも感じます。

一方、家族と本人との関係修復に相当な時間がかかりそうなケースも少なくありません。その場合は前記のようにコミュニケーションの詳細を訊き取って工夫できそうなポイントを見つけ、具体的な声掛けや対話の進め方について助言するような継続的な相談面接になるでしょう。

②を試みる場合は、第11講で示したような「三つの悪循環」を参考に、具体的なコミュニケーションを変えてみることを試みます。たとえば、第一の悪循環の場合は叱咤激励を控えること、第三の悪循環の場合は「このままではよくない」、「これからどうするか考えてみよう」と切り出すことなどで

す。叱咤激励を控えて家族関係を落ち着かせることまではできても、「これからどうする」を話題にしないと、そのまま何も起きずに年単位で月日が経ってしまうこともあります。重要なのは家族と本人がこれまでのことを振り返ったり、今後のことを一緒に話し合えるようになることです。実際には、①と②を同時に進めてゆくことも多いと思います。

6　前書の感想を聞いて考えたこと

専門職を対象とした家族支援についての研修で、参加者の方々に前書『青年のひきこもり・その後』を事前に読んでいただき、感想や疑問点を伺うところから始めたことがあります。そのとき比較的多くの方から「家族にとっての抱える環境 holding environment としての相談面接」という言葉が印象的であったという感想をいただきました。来談者や住民に対して親切な対応を心がけている援助者の目に留まりやすい文章だったのでしょう。

確かに私は前書で「そこにいると少しほっとできたり、支えられていると感じられる場」、「一人では向き合えないような、さまざまな体験を想い出したり、自分自身に向かい合うことができる場」、「過去や現在、そのときどきの感情を生き生きと感じることができる場」、「語りたい人が、語りたくなったときに語ることができる場」といった、家族との相談面接の「場」の重要性について述べています。しかし、その記述にとくに注目し、自分の支援実践に取り入れたいという感想を述べてくださる方たちに対しては、もう少し丁寧に説明する必要があるとも感じました。以下、そのことを述べます。

前記の holding environment についての記述は、前項のアプローチ④について述べたことの一部です。ひきこもっている本人に社会参加や相談・受診などをはたらきかけることができない家族や、うまくいっていないこれまでの関わり方をどうしても変えられない家族の中に、近親者の自死や過酷な看取り体験、流産、早すぎる自立を迫られた体験など、別れや喪失を巡る生活史や外傷体験を語り始めた方たちが少なからずいました。そして、本人に積極的なはたらきかけができない、あるいは、明らかに裏目に出ているはたらきかけが止められないといった事態に、それらの外傷的な体験が影響していることを理解・共有するに至りました。

多くの場合、前記の①や②が思うように進まず、これといった効果的な変化を生じさせることができないまま長期化し、それでも家族との面接を継続していた経過の中で、予想もしていなかったタイミングで家族が語り始めたという点が共通していました。こちらは意図していませんでしたが、家族に対する個人心理療法のような面接になっていたのでしょう。

多忙な現場に身を置く援助者に、これといって打つ手が見出せないまま漫然と家族との面接を継続することを推奨するのは難しいと思いますが、こうした経験を他にも活かせるのではないかと考え、提案したのが④です。家族が適切とは思えないはたらきかけをどうしてもやめられないとき、あるいは、平均以上の家族機能を有しているのに、ある特定のことだけができないとき、たとえば、子どもが落ち着いて話せるようになるまで待つことができないとき、学校や職場で何があったのか、これからどうすべきかを冷静に話し合うことができないとき、あるいは、話題にすらできないことが明瞭になってきたときには、家族が何を不安に感じているのかを話し合ってみよう、という提案です。その不安が現在の家族関係から生じていれば面接の話題もそこまでに留まりますし、それだけで解決しなければ、来談者の原家族や生活史にまで話題が広がることもあります。

研修では、こうした支援感覚を身体的な治療に例えて説明しています。つまり、まずはできるだけ切らない（身体的な侵襲を与えない）検査や治療を考えるべきで、それだけでは無理であれば可能な限り小さな傷、それでも無理ならもう少し大きく切開する、最後の手段は開腹手術や開頭手術です。家族は心理療法のクライエントでも患者でもないので、原家族や家族個人の生活史にまで話題を広げるのは最後の手段ということです。

第14講文献

E・H・カー著／清水幾太郎訳：歴史とは何か．岩波新書、一九六二．

第15講　危機状況における支援の方法論

1　はじめに

二〇一二年七月三一日の毎日新聞では、姉を殺害したとして殺人罪に問われた四二歳の男性に対して、大阪地裁が求刑十六年を超える懲役二〇年を言い渡したことが報じられました。男性は小学五年生で不登校となり、以後、自宅閉居の状態が続いていたということです。判決において、男性がアスペルガー症候群と認定されたこと、家族は保健所に相談していて、事件直前には医療機関への受診を勧められていましたが、それが実現する前に事件が起きてしまったことが注目されました。

また二〇一七年四月二日から四月十八日まで、九回にわたって読売新聞に連載された、『孤絶　家族内事件、第2部　親の苦悩』では、長年にわたって自宅にひきこもっている子どもからの暴力に苦しみ続けた末、子どもを刺傷、あるいは殺害するに至った親たちの苦悩が取り上げられていました。そしてここにも暴力について保健所や警察に相談していた事例が含まれています。

精神保健福祉活動が犯罪に対する社会防衛的な役割を担うことの是非については議論の必要がありますす。ただし、私たちは精神保健福祉相談において危機介入に失敗するリスクを常に抱えていますし、こうした事件が繰り返されていることからも技術的な検証・検討が必要な課題であることは間違いのないところです。この講では、こうした深刻な家庭内暴力を伴うひきこもりケースの治療・支援について取り上げます。

2　精神保健福祉相談における家族への相談・支援

精神保健福祉領域の相談ケースは、本人以外、とくに家族からの相談が多いことが特徴的です。問題の背景に精神病性疾患が存在するのかどうかは不明確で、薬物療法の必要性や有効性の判断が難しいこともあります。こうした状況で有効な支援を検討するために、精神保健福祉相談の領域では、「疾病性 illness」と「事例性 caseness」という二つの概念・観点が用いられてきました（第2講を参照）。「疾病性」に基づいた相談・支援活動では、暴力などの問題行動と（とくに精神病圏の）精神疾患との関連を検討し、精神科受診の必要性、優先度、緊急性をアセスメントすること、本人を受診につなげるための具体的な方法を検討することがおもな課題になります。

一方、「事例性」に基づいた場合は、生じている問題のメカニズム、あるいは、家族関係や家族の問題解決能力などのアセスメントに基づいて支援方針を検討します。画一的に医療につなごうとはせずに、継続的な面接や訪問によって問題の解決・軽減を図ることが中心的な課題になります。

まず、家族相談によって危機的状況を回避することができた事例を紹介します。事例は、個人を特定し得る情報を削除・改変し、複数のケースを組み合わせて作成しました。

〈事例〉

中学二年から不登校となり、四年に及ぶ社会的ひきこもりが続いていた十八歳の男性。乳幼児期から内向的でおとなしかったが、就学後も問題なく過ごしていた。高学年になると、杓子定規な言動で周囲から浮いてしまうことが増え、担任からは、「冗談が通じないので、友だちとトラブルになってしまう」と指摘されたが、両親は内向的で頑固な性格と捉えていた。

中学二年生のときに不登校となった。本人は不登校の理由を話そうとしなかったが、ずいぶん後になって、激しいいじめやからかいがあったことを語ったという。この頃から、通行人が自分を見て笑ったような気がするといって外出先から逃げ帰ってきたり、強い不安感やパニック発作のため閉居するようになった。また、常にイライラして落ち着きがなくなり、母親に暴言を吐くようになった。ゲームソフトやコミックなどを買ってくるように要求し、母親がすぐに応じられなかったり、本人の要求と違うものを買って来たときには、母親の胸や顔面を拳で殴ることもあった。また、母親の衣類を破ったり、動物の死体を家の中に持ち込んで台所に放置するなどの嫌がらせが続くようになった。進路未決定のまま中学校を卒業。次第に高額の買い物を要求するようになり、母親一人を台所に軟禁し、包丁で脅したりするようになった。

父親にはアルコールの問題があった。泥酔すると荒い口調でまくしたて、家族を怒鳴りつけるため、本人は子どもの頃から父親を恐れていたが、ひきこもったまま何もしようとしないことを批判され、激しく罵倒されるようになってからは、父親に対しても次第にイライラした態度を示すようになった。母親は以前にもまして本人を一人で抱え込み、夫と本人との仲介役として気を遣うようになったが、ある晩、本人が車庫にあった鉄パイプを持ち出し、泥酔している父親に殴りかかるという出来事が起きた。それまでは何とか家族の中で収めようとしてきた母親も、これを契機に相談先を求めるようになり、地元の警察から紹介されて相談機関につながった。

当初は母親だけで来談した。相談担当者は、軟禁状態にされそうなときや脅されたときは、家の外に逃げること、夫に助けを求めること、警察を呼ぶことなどを勧めてみたが、母親は実行しようとしなかった。実行できない理由を聴いていくと、自分が外に出ている間に夫と本人との間で暴力沙汰が起きるのではないかという不安や、世間体もあって、自分一人の判断で警察に介入を求めることはできないと述べた。

担当者は再三にわたって夫にも相談に加わってもらうことを勧め、ようやく夫婦で来談するようになった。父親は口数が少なく、緊張の強い人であったが、「妻が子どもを甘やかしすぎている」など、少しずつ自分の考えを話すようになった。担当者は父親の意見を支持し、母親が一人で抱え込まずに、もっと父親の力を借りるべきであるとリフレーミングしたうえで、暴力を振るわれたり、軟禁されそうなときには夫に助けを求めるか、あるいは実家に逃げること、警察への通報については夫の判断に委ねることを提案した。そのうえで、「奥様はご主人の晩酌中に騒ぎが起こったときに、誰に助けを求めたらよいか、ご心配のようですね」と伝えると、父親は自ら晩酌を控えることを申し出た。

これ以後、高額な物品の購入を迫り、脅してくる本人に対し、母親は「お父さんに相談して」と伝えたり、父親に間に入ってほしいと頼むようになった。父親が不在のときには実家に逃げることもあり、このときは、暴力を振るわないことを本人に約束させたうえで母親が戻ることを試みた。両親の結束が固くなり、数年ぶりに二人だけで外出するようにもなった。また母親は、この時期になって初めて、本人に相談機関の利用を勧めるようになった。こうした変化と同時に、本人は母親に寄りつかなくなり、威嚇や暴力も消失した。両親との意思の疎通はすべて祖母を介して伝えられるようになり、こうした家族関係はその後三年以上続いた。その後、少しずつ言葉を交わすようになり、本人が「自分も相談に行ってみようと思う」と母親に申し出たのは二二歳、初回相談から四年が経過していた。

面接では、誤った解釈や勘違いが多いように思われた。また、ある種の健康法や占い、食事や栄養管理など、偏った興味に固執する傾向が目立った。知能検査でも発達上のアンバランスが窺われ、自閉症特性を基盤として、いじめ体験や仲間集団への適応困難から生じた恐怖症性不安障害のために不登校状態となった後、周囲への被害感や恨みの感情、あるいは退行的な依存性や支配性が母親に向けられてきたものと考えられた。小・中学校時代に受けたいじめ体験が外出先でフラッシュバックすることによって暴力に及ぶことがあることもわかり、これらの症状に対する薬物療法を目的に、本人も受診に応じるようになった。

このケースでは、警察から相談機関を紹介され、家族相談が比較的順調に展開し、家族関係の調整によって幸いにも危機状況を脱することができました。技術的なポイントとしては、母子が密着した二者関係優位の状況から父親を加え三者関係化を図ったことと両親サブシステムを強化したこと、母親に暴力を振るわないことを約束しないと母親は家に戻らないといった限界設定が挙げられ、こうしたはたらきかけによって本人の心理的退行を抑制することができたと考えられます。

しかし、本講の冒頭で紹介した家族内の殺人事件では、家族が保健所に相談していても家族内殺人を防ぐことはできませんでしたし、『孤絶　家族内事件、第2部　親の苦悩』でも、保健所では警察への相談を、警察では保健所への相談を勧められ、追い詰められた末に暴力を振るう娘を刺傷した父親が取り上げられています。そこで次に、警察との連携を含めた精神保健福祉領域における危機介入について考えてみましょう。

3　警察との連携を活用した相談・支援

(1)　最初に確認すべきこと

暴力を伴うケースでは、まずは暴力の対象、手段、程度、頻度などを具体的に確認する必要があります。これを怠ると、その必要のないケースを無理に入院治療にもっていこうとするような齟齬が生じます。また、暴力が生じる契機やエスカレートする過程を詳細に把握する必要があることは第14講で述べたとおりです。

（2）暴力に対する警察の役割

相談機関は、昼夜を問わず、暴力が生じた時点でそれを止める具体的な手段を持っていません。暴力に介入する公的機関は警察であることから、通常は疾病性の有無（精神病性の精神疾患であるかどうか）にかかわらず、警察に相談、通報することを家族に助言することになります。

警察が相談ケースの暴力に対応する法的根拠は警察官職務執行法（以下、警職法）であり、同法第三条では「応急の救護を要すると信ずるに足りる相当な理由のある者」を保護の対象としており、具体的に「精神錯乱又は泥酔のため、自己または他人の生命、身体又は財産に危害を及ぼす虞のある者」と規定されています。したがって、このような要件を満たさなければ、警察が臨場した場合でも保護に至らないことがあります。また警察に保護された場合でも、二四時間以内に本人が落ち着き、その後とくに問題がないと判断されれば保護は解除され、家族は引き取りを求められることになります。

一方、保護された者に精神障害が疑われ、自傷他害のおそれが著しい場合は、精神保健及び精神障害者福祉に関する法律（以下、精神保健福祉法）第二三条の規定による警察官通報がなされます。この通報への対処として、多くの自治体では保健所が調査を行い、その結果、必要があると判断されれば精神保健指定医による精神保健診察を実施し、精神保健福祉法第二九条に基づく措置入院に至ることがあります。

（3）保護に至らない要因

警察による保護は、一一〇番通報で警察官が現場に臨場した段階で判断されます。警察官が到着した時点で興奮が収まり冷静にやりとりできる場合、前述した規定に該当しないため保護には至りません。警察の役割はあくまでも暴力そのものへの対処であり、一時的にせよ暴力が抑止されれば本来の役割を果たしていることになります。

しかしやっとの思いで警察を呼んだ家族は、保護に至らなければ、「警察は何もしてくれない」と失望し、その後、暴力が繰り返されても、警察への通報を諦めてしまうこともあります。

また保護に至らない場合、警察が精神保健福祉相談を家族に勧めることがありますが、この流れで相談を受けた担当者が、十分な説明もなく、「暴力は警察へ相談してください。緊急の場合は一一〇番を」と助言するだけでは、家族が「たらい回しにされた」と解釈してしまうのは無理もないことだと思います。こうした状況が生じる背景には、警察による保護の判断、保護した後の対応、暴力を抑止する役割などに関する「相談機関側の理解不足」があると考えられます。これらの情報を家族に正しく伝えるのは専門職の役割であり、単に一一〇番通報を助言・指示するだけでは、その職責を果たしているとはいえません。

4　精神保健福祉法に基づいた危機介入

（1）精神病圏の場合

『保健所精神保健福祉業務における危機介入手引き』[1]では、統合失調症の急性期および増悪期、躁うつ病、薬物中毒性精神病などを「医療の必要性が大きいケース」と位置付けています（ここでは、「精神病圏」と呼びます）。一方、境界パーソナリティ障害、知的障害、発達障害など（ここでは、「非精神病圏」と呼びます）は、「医療の必要性が限局的でしかないケース」とされ、これらを背景に生じている家庭内暴力についても、緊急度が高い場合は「消極的に医療につなぐ」、緊急度が低い場合は「医療につながない」といった指針が示されています。

精神病圏の病状悪化による暴力が疑われる場合、暴力の程度や状況によっては入院を想定した緊急受診を検討する必要があります。家族には、自治体が設置している精神科救急医療システムや一一〇番による警察介入について伝えておきます。

暴力が生じたときは、まずその場を離れることを優先しつつ、状況によっては一一〇番通報することを勧めます。精神病圏のケースで、警察官が臨場した時点で興奮が収まらない場合、一旦は警察署に保護され、精神保健福祉法第二三条通報を経て措置入院に至ることが考えられるので、通報から入院に至るまでの仕組みを家族に十分に説明します。また、警察との間でも、事前にケースの情報と支援の方向性を共有しておくこともあります。

ただし、措置入院は行政処分であるため、必ずしも受診先や診察結果が家族の希望通りになるとは限りません。警職法や精神保健福祉法など法律に則った手続きは、家族にとってわかりにくく、後になって疑問や誤解が生じることにつながるので、保護は警察、精神保健診察の手配は行政、措置入院は精神保健指定医がそれぞれの場面・立場で要否を判断すること、入院先は自治体が整備した救急医療体制によって決まることなどを丁寧に説明しなければなりません。

（2）非精神病圏の場合

非精神病圏のケースの場合であっても、暴力に疲弊した家族は、「とにかく入院させたい」と強く希望することがあります。警察に通報しても、警職法の保護要件を満たさない場合、あるいは治療可能性（反応性）の観点からも非自発的入院の対象と判断されない場合があることを説明しますが、同時に警察官が帰った後で暴力が繰り返されるときには再度通報できることを説明し、警察通報は暴力による支配状況を断ち切る手段として有効であり、必要に応じて繰り返し利用可能な社会資源であることを理解してもらいます。

援助者もまた、「受診、入院してくれさえすれば」といった万能的な幻想を抱かない方がよいでしょう。たまたま入院に至ったとしても、予想外に早く退院になることもありますし、本人が家族に強い恨みを抱き、かえって事態が悪化することもあります。

緊急時にはその場を一時的に離れる、一旦は家を出るなど、家族の安全確保について見通しを立てたうえで、「事例性の観点」に基づき、暴力に至るまでのプロセスや本人の心情を家族が理解し本人に対する態度や対応を変えること、あるいは、家族が本人に対して「できること・できないこと」を明確に伝えて限界設定を試みること、暴力を生じさせるような家族関係・家族状況やコミュニケーション・パターンを見直し、関係修復を図ることなどに取り組みます。

暴力を抑止する警察の機能と家族関係の修復を支援する相談機関の機能を組み合わせて提供することで、危機状況を脱することができるケースは少なくないと思います。

5　家族の不安と要望について

ただし実際の相談場面では、有効な対処方法を選択し、進んで実行できる家族は必ずしも多くはありません。心理的に追い詰められ、さまざまな助言を実行してみるだけの余力も失った家族からは、「問題解決を丸ごと請け負ってほしい」という期待を言外に感じることも少なくありません。援助者からの助言が耳に入らず、そのまま相談が中断してしまうこともあります。常に暴力に脅かされ、切迫した緊張状態に置かれていることを考えれば、タイムリーな対応と即効性のある解決方法を求めるのも無理からぬことだと思います。

暴力を伴うひきこもり問題に関して多くの家族が求めている具体的な支援手法の一つに、自宅への訪問、アウトリーチがあります。確かに、暴力が生じているケースでは、訪問によって、密室化した家族状況、あるいは本人と母親との密着した葛藤関係など、ひきこもり・家庭内暴力ケースに特有の家族状況に変化が生じる可能性があります[2]。

ただし、訪問が家族への怒りを増幅させ、かえって暴力を助長する場合もあることから、『ひきこもりの評価・支援に関するガイドライン[3]』では、事前に十分な情報収集と準備が必要であることを強調しています。

また、無力感を募らせている家族が二四時間体制の相談・支援体制を求めていることも心情としてはよく理解できます[4]。確かに、それによって危機を回避できるケースもあるとは思いますが、その一方で、家族自らが問題に向き合うことを避け、援助者にすべてを委ねたいという動機付けでしかなければ、いつでも相談できる体制があっても、その場しのぎの対応が繰り返されるだけで、有効な変化は生じにくいようにも思われます。

たとえば、多くの家族は緊急時の具体的な対処方法に気をとられ、本人が落ち着いているときにあるべき日常的なコミュニケーションに目を向けることが難しくなっています。疾病性の有無にかかわらず、本人が落ち着いているときには穏やかな日常会話を交わす、健康な側面に着目して声をかけるなど、家族同士の自然で穏やかな時間を重ねることも大切です。緊急時の対処によって家族関係が修正されるわけではなく、あくまでも日常的な生活や家族関係に根差した対応があってこその危機介入であることを踏まえる必要があると思います。

現行制度のもとでは、本人が抱える問題やつらさに家族が向き合い、本人と一緒に考える姿勢を持たなければ、解決への一歩を踏み出すことは難しいように思われますし、家族が改めて自分たちの問題として本人と向き合おうとする決意と覚悟を取り戻す、いわば「腹をくくる」ところから援助者との本当の協働が始まるように思われます。

援助者には、そのような家族の意欲と覚悟を引き出し、支えることができるかどうかが問われていますし、地域の支援体制、医療事情、社会資源など、さまざまな制約がある中でどこまで効果的な支援ができるのか、危機状況を無事に回避できるのかなど、援助者自身も不安を抱えながら相談・支援を進めることになります。その意味では、援助者にも「腹をくくる」ことが求められます。

6　暴力を伴う非精神病圏ケースの入院治療

不登校やひきこもりに伴って激しい家庭内暴力が生じている思春期ケースでは、年齢相応の社会参加に失敗した結果、子どもは情緒的に不安定でイライラしやすくなり、ゲームやインターネットへの依存状態が生じやすく、男児と母親との密着関係によって子どもがさらに退行し、支配的・衝動的な暴力が生じている場合などは、これらを一旦リセットするような介入方法として入院治療が選択されることがあります。

あるいは、暴力を振るう子どもへの対応に行き詰まった結果、親が激しい虐待に及ぶケースもあり、児童福祉法第三三条規定に基づいた病院への一時保護委託に至ることもあります（精神保健福祉法上は医療保護入院の形態が多い）。

子どもが加害者として扱われている場合でも、子どもには子どもの言い分や被害感情、傷つきがあるので、その心情は汲む必要があります。そのうえで、本人、家族との間で問題認識と治療目標の共有化を図り、同時に、子ども本人に対しては、①病棟内の対人関係を活用し、対人関係上の問題や集団への不適応を軽減すること、②院内学級の活用などを通して、学校生活への再適応を図ることが課題となってきます。挫折感や不安に耳を傾け、達成可能な目標を共有し、励まし、支えることを根気強く継続していきます。

家族関係の調整はほとんどのケースで必須であり、それなしには退院後すぐに同じ状況が再燃し、再入院を繰り返すことも少なくありません。それでも子どもたちの可塑性や発達の可能性（伸び代）が大きな強みになりますし、親子が相互に体験してきた怒りや傷つき、恐れ、不信感、被害感などが緩和され、良好な関係を取り戻すことができれば、多くのケースは家庭復帰に至ります。

一方、成人期のケースではさらに治療・支援が難しく、家族関係も修復困難な状況に陥っているケースが多いものと思われます。こうしたケースにおいても入院が検討されることがありますが、家族の問題解決能力は総じて低く、家族の同意のもとに準備をしても、直前になってキャンセルしたりすることもあります。

入院治療としては、思春期ケースと同様に心理・社会的な治療が重視され、スタッフや他患との交流を治療的に活用すること、これまでの生活パターンの建て直しや退院後の社会参加について話し合うこと、家族関係の再調整などに加え、発達障害圏のケースの場合には、本人が家族に押し付けている特異なルールの見直しを図る機会になるかもしれません。

入院が世帯分離や単身生活を確立するための一つの契機になることにも期待したいところですが、入院治療の短期化が重視される医療状況もあり、一回の入院治療でこれらの諸課題を整理することは簡単ではありません。地域の援助者は、医療機関との間で積極的に意思疎通を図り、治療の課題・目標を共有すること、さまざまな治療・支援課題を医療機関に任せるだけでなく、自らも積極的に役割を分担することを勧めたいと思います。

とくに、本人との関係づくりは入院直後から始めるくらいの積極性が求められます。非自発的入院の場合には、入院になったこと自体が本人にとっては極めて不本意であることが多いため、その気持ちを汲みつつ、退院後の生活について一緒に考えようとする姿勢を明確に示すことが必要だと思います。

この講の初出論文は広沢昇氏との共著によります。本書でも広沢氏の手による文章が含まれます。

第15講文献

（1）全国保健所長会「精神保健福祉研究班」：保健所精神保健福祉業務における危機介入手引き．平成十八年度地域保健総合推進事業「精神保健対策の在り方に関する研究」報告書、二〇〇七．
（2）近藤直司、境泉洋、石川信一ほか：地域精神保健・児童福祉領域におけるひきこもりケースへの訪問支援．精神神経学雑誌、一一〇（七）：五三六—五四五頁、二〇〇八．
（3）厚生労働省：ひきこもりの評価・支援に関するガイドライン．二〇一〇．（http://www.ncgmkohnodai.go.jp/pdf/jidouseishin/22ncgm_hikikomori.pdf）

（4） 公益社団法人全国精神保健福祉会連合会：精神障害者の自立した地域生活の推進と家族が安心して生活できるための効果的な家族支援のあり方に関する全国調査報告書，二〇一八．

第16講　子どもを自立させることが難しい家族とは

1　はじめに

若者のひきこもり問題については、生物・心理・社会的観点を含む包括的な捉え方が必要です。このうち、この第16講では、若者が家を出られない、一人暮らしに至らない一要因としての家族状況や家族関係について述べてみようと思います。

2　『Leaving Home』について

ここで取り上げるのは、一九八〇年に米国で出版された、Arlene Kramer Richards と Irene Willis による『Leaving Home』[1]（邦訳はリチャーズ&ウィリス著『子どもが家を出ていくとき』、晶文社、一九八二年、絶版）で、思春期の子ども・若者たちとその家族を対象とした一般書です。

著者の一人であるリチャーズは精神分析的な心理臨床家、ウィリスは中学・高校の英語教師です。本書は、「家を離れる」、「母親から離れる」、「父親から自立する」、「何を持って出て行くか」、「家へ帰る」など、一章完結の十二章から成ります。

全編を通して、大学進学に伴って家を出ようとする子どもや大学生活に行き詰まり、親元に戻ろうとする若者たちの心理、あるいは、子どもの自立をめぐる親の心境が細やかに描かれています。一部に家出を企てるカップルや性的に奔放な女子高校生が登場しますが、総じて登場人物は健康的です。まず、どこにでもありそうな家族風景が紹介され、次いで解説が加えられます。解説では、「第二の個体化」、「移行対象」、「対象選択」などの精神分析概念が紹介されているのですが、その際に専門用語は一切使用されていません。

私がここでこの本を取り上げようと思ったのは、数年前から臨床心理学科の教育に携わるようになり、大学に入学したばかりの学生たちに思春期心性について学んでもらうためのテキストとして本書を採用したことで、国民性や文化差を越えた思春期の子どもと家族の姿、あるいは同書を読んだ学生たちの感想が、ひきこもりケースをめぐる臨床経験とつながってみえてきたからです。

ここからいくつかの章を取り上げて、子どもが自立し、家を出るために必要な条件としてリチャーズらが解説していることと、臨床域のひきこもりケースにみられる家族状況、健康度の高い大学生らの感想や家族体験などを交えて、家を出ることができる子ども、家を出られない子どもについて論じてみたいと思います。

3 『Leaving Home』各章より

（1）第1章「家を離れる」について

この章に登場するのは、部活の合宿で家を離れることと、離婚した実母が手製のクッキーを送ってきてくれないことで、すっかりしょげてしまっている高校生の女児レイチェルです。

解説で取り上げられているテーマは、思春期における「第二の個体化[2]」、あるいは、「第二の分離―個体化[3]」です。これらは、幼児が両親表象、とくに母親表象を記憶系に内在化し、対象恒常性を確立するまでのプロセスを定式化したM・マーラーの分離―個体化過程[4]の思春期版としての概念ですが、さきほど述べたように、この本ではこれらの専門用語や学術的な解説は登場しません。

解説として述べられているのは、ヨチヨチ歩きの子どもは段差や障害物に驚いてばかりであり、そのたびに母親の慰めを必要とすること、さらに成長した思春期においても、出かけては転び、怪我をしては家に帰ってくるし、家を出ていく自信が完全につくまで、出て行っては帰ってくることを何度でも繰り返さなければならないこと、真のホームベースの安心感がない子は、思春期においても中途半端な冒険しかできないこと、などです。

皆川[5]が指摘したように、P・ブロスが「第二の個体化」を、親から精神的に離れ、自立し、個を確立してゆく過程として捉えているのに対し、J・マスターソンは、前思春期（おおむね十歳から十二歳）において自我が急速に発達することに注目して「第二の分離―個体化」という用語を用いており、両者の概念は同一ではありません。リチャーズらの解説は、おそらく「第二の個体化」の方を意図しているのでしょう。

思春期・青春期というライフサイクル上の極めて特異的な時期において、「ホームベース」や「安全基地」として親に求められる機能・姿勢とは具体的にはどのようなものでしょうか。それはたとえば、子どもの試行錯誤（行きつ戻りつ）や、自立と依存をめぐって示す両価的な態度（たとえば甘えと拒絶の繰り返し）を受容すること、子どもの拒絶に対して被害的になり過ぎず、依存に対しては拒否的になり過ぎないこと、自立をめぐる子どもの不安を過剰に煽らないこと、自らの喪失感から子どもの自立を阻もうとしないこと、などであると思います。[6]

大学生との授業においては、子どもの個体化や、友人関係の広がりに伴って示される親の態度の具体例として、たとえば、「早い時期に自転車を買ってくれた親と、何かと理由をつけてなかなか買ってくれなかった親」、「友だちとの遠出や外泊を許容してくれる親と、許してくれない親」などが話題になります。

臨床域の事例についても触れておきましょう。マスターソン[7]は境界症候群や自己愛パーソナリティ障害の形成に影響を及ぼす養育のあり方について論じています。もともと、分離―個体化過程の核心は再接近 rapprochement の時期（十五カ月から二四カ月）であり、子どもは分離不安と呑みこまれる不安という両極を揺れ動き、「しがみつき」と「飛び出し」という対照的な行動を繰り返すことになります。[4, 8]

マスターソンは、この時期において主たる養育者が密着状態のときにのみ選択的に愛情を向け、分離しようとするとひきこもることが境界パーソナリティの形成に関連していると考えています。また、自己愛パーソナリティ障害の子どもをもつ養育者は子どもの分離―個体化欲求を無視し、自身の完全主義的な情緒欲求を正当化するためのちょうどよい対象として子どもたちを型にはめ込もうとすると述べています。そして母親の理想化に子どもが同一化する結果、子どもの幼児的な誇大自己はそのまま保存され、この誇大自己によって母親の機能不全と自身の抑うつが防衛されるために再接近期危機が生じにくいと説明しています。

さらに、母親のもとで経験される見捨てられる抑うつから自分を救済するために父親との同一化に転じた際に、父親が自己愛パーソナリティの持ち主であれば、子どもの誇大自己が一層強化され、現実とのギャップに苦しむことになります。

一方、ブロス[9]は、正常から偏倚した思春期過程を、「みせかけの思春期」、「外傷的思春期」、「遷延された思春期」、「失敗した思春期」の四つに分類しています。

このうち「遷延された思春期」は、自我状態のリビドー化（つまり、思春期状態に留まることに満足し過ぎる、あるいは、思春期状態にナルシシスティックに固執すること）によって生じるとしています。またブロスは、遷延された思春期が生じる要因として、両親の功名心とナルシシスティックな過大評価を指摘しており、その影響を受けた子どもはナルシシズムを増大させ、万能的な信念を抱くようになるといっています。

さらに、自我機能の制限(註)と自我の退行は子どもを社会的な不調和に導きますが、不安や葛藤は肥大した楽観主義と空想によるナルシシスティックな過代償や現実検討を欠いた魔術的思考によって中和されるといっています。そのような事例を次に示しましょう。

〈事例〉

父親は、いわゆる絵に描いたようなエリートであり、息子も有名大学に進学することを確信していた。高校に行けなくなった当初は、「お前は必ず一流になれる」と叱咤激励していたが、まったく動き出せない本人に幻滅し、毎日のように罵倒するようになった。現在は、本人にまったく

(註) 野沢栄司氏の訳註では、「自我機能の制限」を「現実の不安や不快な外界からの刺激を避けるため、不快な現実を体験することを回避し、自己の行動を制限すること」と解説されている。A・フロイトは「自我機能の制限」として、勝ち目のない課題に取り組むことを頑なに拒否する子どもや、上級生からの報復の恐れから優れた競技能力が低下し、ついには競技を辞め、別の領域で自己発揮した子どもを例示している。F・パインは、自我制限 ego limitation が発達過程に広範な損害を及ぼす一例として仮性精神薄弱 pseudo imbecilic child を挙げている。

Freud, A: The Writing of Anna Freud. Volume II, The Ego and the Mechanisms of Defense. International University Press, 1966.（牧田清志、黒丸正四郎監修／黒丸正四郎、中野良平訳：アンナ・フロイト著作集 第2巻、自我と防衛機制．岩崎学術出版社、一九八二）

Pine, F: Development Theory and Clinical Process. Yale University, 1985.（斎藤久美子、水田一郎監訳：臨床過程と発達②．岩崎学術出版社、一九九三）

関わろうとせず、本人にとっては母親だけが話し相手になっている。

母親は夫を批判し、「この子のことは自分だけが理解できる」と言い切っている。また、本人は専門学校への進学と高度な専門資格の取得を計画しているというが、母親の話を聴いていても、それが本人の希望なのか、母親の考えなのかが判然としない。また、本人に受診・相談を勧めてはどうかと提案すると、母親は「それは絶対に無理です」と言うが、それも母親自身の抵抗感なのか本人の考えなのか、やはり区別ができない。

ようやく来談に至った本人は、面接において、中学生までは学業成績、スポーツ、生徒会活動など、あらゆる面でリーダー的存在であり、本人も常に「ナンバー1」であることを自負してきたこと、有名進学校に進学すると事態は一変し、「並み生徒の一人」になってしまったと感じたことを語った。自分なりの存在感を確認するために、「納得できる自分」をいろいろと探してみたが、それだけでは自分のプライドを満足させられないことを実感し、次第に抑うつ的になり、そのまま退学に至っていた。その後、高等学校卒業程度認定試験を取得し、複数の大学に合格した。彼は自分の志望学部よりも知名度で進学先を選択したが、周囲に溶け込むことができず、やはり数カ月で退学した。彼は「一流大学を卒業していないような奴はクズだ」、「今の自分には何の価値もない」と、厳しい自己批判を繰り返した。彼にとって面接は、「こんな情けないことを他人に話している」といった屈辱的な体験にしかならなかった。援助者は彼の屈辱感や羞恥心を支えることできず、中断に至った。

（2）第2章「母親から離れる」

第2章に登場するのは、性的逸脱行動を示す思春期女児ジャニスと、娘との激しい口論の際に、「ママの赤ちゃん。あの子はどこへ行っちゃったのかしら？」と嘆く母親です。ジャニスもやはり再接近期危機の最中にあり、母親に関心を向けてもらいたいという気持ちと、母親と自分との違いをはっきりさせたいという気持ちが交錯しています。また、「ママのちっちゃな女の子」に逆戻りさせられそうな引力に対して、強力に抵抗する必要がありました。同時に、母親を女性としてライバル視しており、彼女の性的逸脱には、女性として優位であることを示す無意識的な動機もありました。

本章を読んだ大学生たちは、母親が娘を女性として秘かにライバル視していること、娘の性的な成熟によって若さを失ったような喪失感や、性に関して公然たる態度を示す娘への羨望の念を抱いていること、子どもたちが家を出たがることによって抱く、何かを奪われたかのような喪失感、高齢の母親が若さを失わないための手段として若い人たちとの接触を欲し、その機会をもつために自分の子どもに頼っていることなど、親の側のさまざまな事情に当惑していました。

さらに解説として、自分の留守の間に母親の身に何が起こるかわからない、家に帰ったときにいるかいないかわからないという状況では、子どもには出かけるにも抵抗感を抱くこと、悩みを抱えている母親、たとえば、精神障害に罹患している、離婚によって傷ついている、夫も親しい友人もいないなどの事情を抱える母親をもった子どもは、母親を残して家を離れるのが難しいことが述べられています。一般的に、精神障害の親（とくに母親）をもつ子どもは、自分が親に負担をかけているという罪悪感や、さまざまな気遣いによっても親の苦痛を軽減できないことで無力感を抱きやすいものですし、調子の良いときと悪いときの養育態度の急変に戸惑いを感じやすくなります。

青年期ひきこもりケースの中にも、親（とくに母親）の精神障害が子どもの自立を困難にさせているケースがあります。こうした場合には、子どもの自立に向かおうとする動きに反応し、親の病状がさらに悪化することもあります[10]。

（3）第3章「父親から離れる」

この章では、子どもの自立を助ける父親の役割が解説されています。一つは、男児の父親への同一化についてです。

つまり、本来であればエディプス状況を経た男児が母から離れ父親のようになろうとするという時期に、父親の真似をしたがらない男児は母親から分離するチャンスを逃すかもしれないし、父親の要求が過酷すぎて真似をしたいと思えない場合や、真似をしようにも父親がそばにいない男児は、それらの条件が整っている男児よりも発達に問題が生じやすいといいます。

また、よい父親は子どもが父親の欠点をみつけることや、子どもが父親とは違う自分自身の理想をもつことを許容できるし、時間を計画的・効率的に使い、自分自身で課題に向き合うことなど、自律の獲得を助けることもできます。

さらに、「私の家にいる限りは、こういうふうに振る舞え」とはっきり言える父親は、子どもが家を出ることを助け、何をしても文句を言わない父親は子どもの独立を妨げるといいます。

さて、男性のひきこもりケースの場合はどうでしょうか。父親と良好な関係を保っている人、父親が最良の援助者であろうとみなされるケースもあるので、もちろん一概には言えませんが、たとえば、父親が心理的不在と言えるようなケース、子どもと母親が結託して意図的に父親を排除しているようなケースも少なくありません。こうした状況に、さらにいくつかの条件が加われば、退行した子どもが母親を支配し、暴力に及ぶような事態に発展することもあります。[6] 第15講で提示したケースにも、このようなメカニズムがみられました。

(4) 第4章「姉、妹、兄、弟」

この章では、兄弟姉妹が若者の自立に及ぼす影響を取り上げています。たとえば、兄や姉と一緒にいることは、淋しい思いをせずに母親から離れる助けになり、新しいことをしたり、知らない人に話しかける勇気が出ること、兄や姉がやっていることを見て、同じことをやってみようという気持ちになれること、家を出て行く準備をしている兄や姉を観察することで、自分が家を出るときのことを考えやすくなるし、親も下の子どものときには最初のときほど心配しないこと、兄弟姉妹への競争意識や対抗心が家を離れて将来を切り拓こうという気持ちにさせること、さらに、ボーイフレンドやガールフレンド、同年代の友だち、年長の友人・知人なども独り立ちを助けてくれることなどです。

初期思春期（おおむね中学生年代）における同性間の親密な交流が、パーソナリティの形成上、大きな意味をもつことはよく知られていますし、横の繋がりを欠いたまま親から離脱することは難しいものです。さまざまな思春期事例において、親からの自立を支援目標とすることがありますが、「親からの自立と適切な友人関係、居場所の確保は同時進行である」というイメージをもっていないと、こちらの思うようには進みません。

青年期のひきこもりについて考えてみると、兄弟姉妹関係は何年も前に途切れていることが多いように思います。親が手をこまねいたまま放置してきた弟のことを、結婚を控えた姉が心配して初めて事例化したケースもありましたが、本人と良好な関係を維持している兄弟姉妹の活躍によって本人に有効なはたらきかけができたケースはそれほど多くはないように思います。競争心や対抗意識は家を出ることには役立ちますが、何か問題を抱えることになればネガティブに影響しやすいのかもしれません。

（5）第11章「家へ帰る」

この章に登場するのは、アイデンティティ危機に陥っている女子大学生のジョーンです。彼女は逆同一化に基づいて進路を選択しました。つまり､父親とも母親とも違う自分になりたかったのですが、それがうまくいっていません。彼女が家に帰ることを考えているのは、一つには、両親のそばにいたいからであり、その他の理由としては、両親の生き方を観察し、自分がどのように生きたいのかを見極めたいからです。

解説で述べられているのは、ジョーンは家に帰ろうとしていますが、再び前進できるようになるという保証はどこにもないこと、再び前進しようと思い立ったとしても、そのときには以前にあったチャンスはなくなっているかもしれないこと、後退が決定的なロスになるかどうかは、やってみるまでは誰にもわからないこと、したがって、後退するには前進するよりも勇気が要ることなどです。

さらに、家へ帰ることは親の子どもに成りきってしまって、身動きがとれなくなる危険を伴うこと、休暇のように時間が限られていれば危険は少ないが、大学を卒業したとき、仕事を失ったとき、人間関係に傷ついたときなどに帰るのは大きな危険を伴うことが述べられています。確かに、大学生活や職場不適応を来たし、実家に戻ってからひきこもりが長期化するケースは臨床的にも少なくありません。

4　おわりに

この講では、リチャーズとウィリスによる『Leaving Home』より、子どもが家を出るための条件や自立を難しくさせる要因、さらに、青年期ひきこもりケースに特徴的な家族状況について述べました。また、ナルシシズムの問題を背景とするひきこもりについて、ブロスやマスターソンといった古典を取り上げて考察してみました。

「最近の若者」や「いまどきの家族」といった論を好む専門家もおられますが、この本について語ることを通して、私は「若者の心や家族のあり方は、五〇年を経ても、本質的にはそれほど変わっていないのではないか」という感を強くした次第です。

第16講文献

(1) Richards. A. K., Willis, I.: Leaving Home. Atheneum, New York, 1980.（リチャーズ&ウィリス著／片岡しのぶ訳：子どもが家を出ていくとき．晶文社、一九八二）
(2) Blos, P.: The Second Individuation Process of Adolescence. The Psychoanalytic Study of Child, 22; 162-186, International Universities Press, New York, 1968.
(3) Masterson, J.: Treatment of Borderline Adolescent. Willey Interscience, New York, 1975.
(4) Mahler, M. et al.: The Psychological Birth of Human Infant. Symbiosis and Individuation. Basic Book, New York, 1975.（高橋雅士、織田正美、浜畑紀訳：乳幼児の心理的誕生．母子共生と個体化．黎明書房、二〇〇一）
(5) 皆川邦直：青春期・青年期の精神分析的発達論――ピーター・ブロスの研究をめぐって．小此木啓吾編：青年の精神病理2．弘文堂、一九八〇．
(6) 近藤直司：青年のひきこもり・その後．岩崎学術出版社、二〇一七．
(7) Masterson, J. F.: The Narcissistic and Borderline Disorders. Brunner/Mazel, New York, 1981.（富山幸祐、尾崎新訳：自己愛と境界例――発達理論に基づく統合的アプローチ．星和書店、一九九〇）
(8) 伊藤洸：精神発達と分離――個体化理論．小此木啓吾編：青年の精神病理2．弘文堂、一九八〇．
(9) Blos, P.: On Adolescence. A Psychoanalytic Interpretation. Free Press, New York, 1962.（野沢栄司訳：青年期の精神医学．誠信書房、一九七一）
(10) 近藤直司：ひきこもりケースのアセスメントと支援――不安・恐怖の理解を支援に活かす．こころの科学201、二〇一八．

第17講　家族同席面接のすすめ

1　はじめに

心理臨床の現場では、児童・思春期ケースの場合に親子の並行面接をルーチン化している援助者が多いようです。また、児童・思春期精神科の外来診療で、画一的に親と子を交代して入室させている医師もいるようです。

本来は、生じている問題のメカニズムやはたらきかけるべきポイントを明らかにした上で、それらのアセスメントを踏まえて診療や面接をセッティングする必要があると思いますし、児童・思春期の一般的な外来診療や相談面接、カウンセリングなどにおいて、親子の同席面接はもっと活用されてよいのではないかと思います。児童・思春期臨床に携わる援助者の方々に、診療・面接のセッティングについて考えてみていただきたいと思います。

2　用語の使い方

まず、用語の使い方を共有しておきたいと思います。一人または複数の援助者と本人、家族が同席する設定を「同席面接」と呼ぶこととします。次に、二人の援助者がそれぞれ本人と家族の面接を同じ時間帯に分担する設定を「並行面接」と呼びます。そして、一人の援助者が本人と家族を個別に交代して面接する設定を「交代面接」、別の日時に面接する設定を「分離面接」と呼ぶこととします。交代面接や分離面接という呼称は一般的ではないと思うのですが、並行面接との違いについても考えてみたいので、別に名付けておきます。

3　家族は受診・来談の理由を子どもにどのように伝えているか？

最近、私は児童・思春期精神科外来の初診の際に、まず親に対して、「今日はお子さんにどのようなお話をして、ここに連れてきてくださったのですか？」と尋ねることにしています。六割くらいのケースでは、親と子どもは受診・来談の目的と理由を共有しているようです。たとえば親の返事は、「元気がないと思っていましたが、剃刀で腕を切っていることがわかって、とても驚いて一緒に相談に行こうと促しました」とか、「イライラして怒りっぽいし、ときどき感情にブレーキがかからないときもあるので、そのことを相談しようと話して来ました」といったものです。親の言う通りかどうかを子どもに確認すると、「うん」、「そう」と答えます。

この質問は、第2講で取り上げた事例性の把握、つまり、誰の、どのような問題認識によってここに来ているのかを把握する目的もあります。子どもにとって不本意な受診かもしれませんし、親にとってもそうかもしれません。しかしそれ以上に、この質問は家族関係や養育機能を把握するために重要であると思います。親子が問題認識を共有することができているし、それを解決するための親の提案を子どもが受け入れている。そして、親は脅しや嘘を使わずに、きちんと納得させた上で子どもの行動をコントロールしています。このような親子関係が保たれていれば、わざわざ親子を別々にしなくても、まずは一緒に話し合えばいいし、かえってその方が自然であるようにも思われます。

ですが、その他の四割前後のケースについては必ずしもそうはいきません。たとえば、何も説明しないまま子どもを連れてきているケースがあり、さらには嘘をついて連れてきているケースもあります。後者の場合、親は食事と買い物などと伝えて子どもを連れ出して来ているので、病院に連れて来られた時点で子どもはプンプンに怒っていたりします。

親だけで初診するケースにも段階があり、たとえば、「昨日までは受診することに同意していました。出かけるときにつまらないことで揉めてしまい、すっかり不機嫌になった子どもを今日は連れて来られませんでしたが、次は一緒に来られると思います」といったケースがあり、最後に、受診を促すこともできなかった、生じている問題について話し合うこともできていないというケースがあります。

相談支援機関で出会うひきこもりケースは最後のようなパターンが多いと思います。おそらく家族関係がすっかりこじれてしまったケースであり、家族の養育や対応もうまくいっていないケースです。そうだとすれば、ひきこもりケースの家族相談が難しいのも無理はないと思いますし、言い換えれば、親子の同席面接が成立すること自体が家族全体の健康さの表れであるとも言えそうです。

4　並行・交代・分離面接の長所と短所

それでは、親子を別々に面接するメリットとはなんでしょうか。まず、親と子どもそれぞれに個人心理療法的な場面を設定できる、つまり親子それぞれに守秘性が保証された場を提供できるということでしょう。これは、親あるいは子どもに聞かれたくないことも話せる場ということになります。次に、家族を分けて面接することで世代間境界を明確にできるというメリットもありますし、子どもを傷つきから守るために別々のセッティングを選ぶこともあります。まず、これらについて一つずつ考えていきましょう。

（1）世代間境界の明確化を意図する場合

皆川邦直先生は思春期の子どもの発達を促すための親支援を「親ガイダンス」と呼び、その手法を発展させました。言わば、子どもの発達を支えるための援助者と親だけの作戦会議とでもいうべきもので、これであれば親とだけ面接するのがベストでしょう。

次に、子どもが親のどちらか（多くは母親）を強力に巻き込んでいるようなケースがあります。こうした場合に、まずは両親を対象とした面接を設定し、「きみの相談にも乗るから二人で話そう」と勧めるだけで、親システムと子どもシステムを明確に区分することになり、子どもや家族に大きなインパクトを与える可能性があります。

その他、祖父母が親の子育てに干渉し過ぎていて、そのことが問題形成の一因となっていると思われるケースもあります。そのときに、親と子どもだけで来談するように促すことにもインパクトがあります。親にこそ子育ての責任があり、祖父母の手を借りなくても解決できるはずであるというメッセージを伝えたいのです。

また、家族療法には三角関係 triangulation という捉え方があります。葛藤回避の手段として両親それぞれが子どもを巻き込んでいるような状況です。一見したところ問題は子どもにあるようですが、三角関係が生じていると判断すれば、子どもは抜きにして両親だけの来談を促すかもしれません。

(2) 子どもを守るための並行・交代・分離面接について

診察やカウンセリングの場面で、親が子どもを一方的に批判し、ひどく傷つけるような場面に出会うことがあります。そのようなケースでは、援助者は子どもを守るために並行・交代・分離面接を考えることがあります。「きみも大変だね。家ではもっと大変なんじゃないのか?」という密談をするためです。

ただし戦略的な選択というよりも、目の前で傷つけられている子どもに援助者が痛々しさを感じ、いたたまれなくなっているときにも並行・交代・分離面接を提案したくなります。それでその場が収まれば、それはそれで悪くはないのですが、第三者が介在しない家族だけの場面ではその何倍もの叱責罵倒が浴びせられているという認識が必要であって、その認識がなければ並行・交代・分離面接はただのその場しのぎになってしまいます。

（3）「子どもに聞かれたくない話」とは？

親が子どもの前に自分だけの面接を希望することがありますが、こうした局面ではどのようなことが起こっているのでしょうか。たとえば精神科救急医療の場面では、幻覚妄想状態の人が搬送されてくることがあります。その中には、本人の現実検討能力には深刻な問題が生じているけれども、少し話を聞いたくらいではそれが妄想だとは気づかないようなケースもあります。そういうときに、家族がそれを前もって治療者に伝えておきたいと考えるのは自然なことだと思います。

しかしそのような状況でもないのに、何らかの話を子どもに聞かれたくないと考え、別々の面接を求める家族がいます。おそらく先ほど述べたような、問題認識と解決手段を親子で話し合ったり、共有することが難しい家族です。それは家族関係や家族機能がうまくいっていないことの表れでしょうし、それだけに治療者に万能的な解決を期待しているということもあるでしょう。親の無力感の表れと解釈できることもあるでしょうし、言い換えれば親役割を放棄し、援助者に移譲・委任してしまっている状況と言えるかもしれません。

また、家族が「親」ではなく「クライエント」として援助者に依存している、ケースによっては、子どもにではなく、自分への支援を切望していることもあり得ます。この状況は親の退行と捉えられる場合もあるでしょうし、親子を別々に面接することで援助者が親の退行を煽っている場合もあるでしょう。

（４）分離・交代・並行面接のデメリット

ここまで分離・交代・並行面接について述べてきました。そのデメリットをまとめると以下のようになります。まず、家族の依存・退行が生じやすいこと、次に、援助者は子ども本人に対して秘密を背負わされやすいことがデメリットでしょう。

さらに、もし治療・支援がうまくいったときに、援助者が子どもを治したという出来上がりになりやすいこともデメリットであると思います。「親のあずかり知らぬところで、偉い先生が子どもを直した」という出来上がりになるわけで、「自分たちが頑張って問題を解決した」という家族の効力感を奪うことにはなっていないでしょうか。

また、とくに交代面接の場合には、親子のどちらかが待合室で待っているという状況が生じますので、いろいろな疑念や被害感、嫉妬や妬みなどの感情を助長しやすいこともデメリットと思われます。援助者が秘密を背負わされるということについては、さらに詳しい考察が必要と思われますので、第18講で述べます。

5　同席面接について

(1) メリット

同席面接のメリットは、家族関係と子どもの病状・状態との関連を把握しやすく、家族関係にはたらきかけることも容易です。余計な疑念や秘密が生じにくいことは何よりも大きなメリットでしょう。また、援助者が子どもの話を傾聴・理解する過程を家族がモデリングする好機になり得ますので、このことは後で事例を示します。

さらに親の退行を抑制しますし、治療者だけで治したという出来上がりにもなりにくいと思います。出来上がりに注意を払いながら支援することができると、親が親としての責任を果たすように励まし、うまくいったときには親の手柄にすることができます。

(2) デメリット

強いて言えば、親と子どもの双方に「話しにくいこと」が生じるのが同席面接のデメリットなのでしょう。守秘性を保証する個人心理療法的なセッティングが対人支援において何より大切であると考えている援助者は、さしたる迷いもなしに分離・交代・並行面接を選択すると思うのです。でも、親子にとって話しにくいことが生じる事態はそんなに重大なデメリットでしょうか。私は必ずしもそうは思わないのです。以下に、同席面接の選択が功を奏したと思われる事例を述べます。

6 事例

(1) イライラが治まらないうつ病の女児

中学生、女児の事例です。母親は外来の場面で本人が学校を休んだことや遅刻・早退など、「できなかったこと」ばかりを詳細に報告します。それを聞きながら、不機嫌でイライラしている子どもの様子が治療者の目に入りますが、横に並んで座っている母親は気づいていないようです。

援助者は思わず、母親のネガティブな態度が子どもをイライラさせているのではないかといった微妙に批判的な態度を示します。母親は声を荒げ、娘のイライラは抗うつ薬の副作用ではないかと主張し、子どもをイライラさせているのは母親なのか治療者なのかという押し問答に陥りそうな状況です。援助者は、まずは母親の主張を受け入れ、処方の変更に応じることにしました。

その後の外来でも母親はノートをめくりながら、本人ができなかったことを報告し続けます。処方薬の副作用の可能性を鋭く指摘されるため、援助者もカルテの処方記録を確認することばかりに気を取られています。気づいてみると、母親と援助者はそれぞれの記録ばかりに気を取られ、その場にいる本人はそっちのけです。

そのことに気づいた援助者はカルテを見ることをやめ、先ほど少しだけ話題になりかかっていた、「イライラしながら学校から帰宅した」というエピソードについて本人の体験談を訊こうとします。なかなか具体的に語れない本人に付き合い、最後にはうまく適応できなかった授業体験が語られ、怒ってイライラしているというよりは、悲しい体験であったことが共有されました。そして、この一〇分ほどのやりとりを見ていた母親は、「自分が子どもに落ち着いて関われないことが良くないと思う」と述べました。

援助者は、今後は本人が頑張ったことも報告してほしいという要望を伝え、母親はそれに応えてくれました。その後、待合室で仲睦ましげに過ごす母子の姿が見られるようになり、それに伴って抑うつ症状も改善していきました。この事例は、援助者が傾聴し、理解する態度を母親がモデリングしてくれた一例だと思います。

(2) 自己臭に悩む女児

高校生の女児、自分の中から悪臭がするという主訴で父親と二人で精神科外来を受診しました。本人は賢く、心理的資質の高そうな子です。援助者は症状発現の経緯や契機を訊こうとしますが、「わからない」という返事です。

ここで父親が本人に席を外させ、自分だけで話したいと希望しました。どうやら、母親が精神疾患を発症したことが契機のようですが、このことは家族内のタブーになっているようです。援助者が、できれば同席で話し合いたいと粘ってみると父親も同意してくれました。本人に「自分の中の汚いものとお母さんの病気は関係あると思いませんか?」と尋ねてみると、父親は怪訝そうな表情ですが、彼女は確信をもったように、「そう思います」と答えました。

また父親は、聡明な高校生である彼女と小学生の弟くんを同等に扱い、母親の病状を子どもたちには伝えていないことがわかりました。治療者は、父親の配慮は十分に理解できるものの、年の離れた二人の子どもを同等に扱うのは少し無理があるのではないかと伝えました。父親は本人に母親の病気について知りたいかをどうか尋ねました。本人は、はっきり「うん」と答えました。この後の問題は、父親が母の精神疾患を深刻に捉えすぎていないかという点でしたが、父親の問題認識は的確でした。母親の病状を的確に知ることができた本人の不安と自己臭症状は軽減し、外来は終了しました。

外来が速やかに終了したために、実は彼女が何を心配していたのかを確認することができませんでした。彼女は母親の診断名を知っていましたが、それについて調べようとはしていませんでした。そう考えると、彼女は両親の秘密を覗き見したいというエディプス的な欲求とそれに伴う罪悪感を抱いていたのではないかと推測します。つまり、「覗き見をしたがるような臭い自分」ということだったのではないかということですが、実際はどうだったでしょうか。

この他、第10講で取り上げた「不機嫌な女児」も同席面接が有効であったと思われるケースです。

7　分離・交代・並行面接の方が適しているケース

ここまで、親子同席面接のメリットを強調してきましたが、それでもやはり分離・並行面接の方が適していると思われるケースもあります。いくつかの事例についてお話しします。

(1) 本人が話さなくなり中断に至ったケース

不登校の中学生男児と両親で来談していたケースです。本人は極めて口の重い人で、何についてもぼそぼそと話すのがやっとです。外来ではもっぱら父親が話をしますが、ときには親がいかに追い詰められた心境であるかを感情的に訴えたりもします。家では父親の態度に反応した本人が、教科書を燃やしてしまったという出来事も報告されましたが、家族に起きている状況がいまひとつ把握しきれないまま、本人が来談を拒否するようになり、ひきこもってしまいました。同席面接が裏目に出ていたように思われ、もっと早めに並行・交代・分離に切り替えていれば他の展開があったかもしれません。

(2) 同席できないほどの不和が生じているケース

本人は中学生の男児。母親との関係が極めて悪く、同席で面接しようとすると途端に口論が始まり、本人は面接室を飛び出してしまいました。建物の外で舗道に佇んでいる本人に声をかけ、自宅からはかなり遠いものの、次回からは本人ひとりで来談してもらうことにしました。

(3) 本人が親の反応を心配しているケース

中学生男児が母親との同席面接を拒んでいます。理由を尋ねると、母親がパニックになることが心配だと言います。子どもが話題にしたい内容を聴く限り、その程度のことで母親がパニックになることはないように感じたので同席面接としました。しかし母親は、本人の些細な不適応エピソードを聞くたびに涙を流して激しく狼狽します。確かに子どもの言う通りでした。

（4）本人が資質の高さを発揮しやすいケース

二〇歳代の男性です。彼は母親と来談するときには、彼の身体症状を心配する母親の訴えにすっかり同調してしまうので、そこから話題は展開しません。しかし一人で来談したときには、自分がどのような性質の不安を抱きやすいのかを詳細に語ることができます。援助者は本人が心理的資質に優れていることを伝え、一人で来談することを勧めました。

8　おわりに

家族の依存性が目立つケース、たとえば親が子どもよりも自分の話を聴いてほしいと求めているケースがあります。また、「子どもの前に、親だけで話したい」と求めることもあります。こうした求めに応じて、親を先に入れる交代面接を選択するべきなのかどうか。これはかなり難しいケースを含むと思うので、次の講で述べたいと思います。

第17講文献

皆川邦直：思春期患者における親面接と見立て．守屋直樹、皆川邦直編：精神分析的面接のすすめかた．岩崎学術出版社、一七一－一八二頁、二〇〇七．

皆川邦直著／生田憲正、柴田恵理子、守屋直樹編：精神科医の思春期子育て講義．岩崎学術出版社、二〇一八．

第18講　「親の話を先に聴いてほしい」という求めについて

1　はじめに

本書の最後に、第17講から引き続いて、医療機関、相談機関、カウンセリング機関などで経験する「親の話を先に聴いてほしい」という求めについて考えてみます。

第17講では、同席面接が難なく成立することは家族の健康さの表れであると述べました。そうだとすると、「先に話したい」という要望はそれだけで少し妙な感じです。そして本人に会う前に秘密を背負わされることで、援助者が「尋常でない不自由さ」を感じることがあると思うのですが、もしかすると、この感覚をリアルに共有できる読者はそれほど多くはないかもしれません。またひきこもりケースよりは、むしろ虐待ケースで問題になるような話題かもしれません。

2　それほど複雑ではない状況

児童養護施設が、持て余している子どもを退所させたいがために、子どもには児童相談所や医療機関が施設には戻せないと判断していると説明し、自分たちはその子どもに同情しているかのように振る舞い続けた事例がありました。児童相談所は子どもの反発を一手に引き受けることになりましたが、親代わりの施設が養育を拒否していることを子どもに伝えることはできませんでした。もちろん困った状況に陥りはしましたが、施設が偽善的な二枚舌を使い、児童相談所や医療機関が悪者を押し付けられたというだけで、それ以上に「尋常ではない感覚」を抱くような出来事ではありませんでした。学校もときに家族に了解を得ずに関係機関に情報を提供しようとするので、連絡をもらう側としては困ってしまうことがありますが、これについてもそれほど複雑な事態とは思えません。

家族が援助者に秘密を背負わせるのは、多くの場合、親に対する暴力のことや親が把握するに至った自傷行為のことなどです。異性の親が子どもの性的な問題に触れにくい、といった場合もあるかもしれませんが、この場合にも、「尋常でない不自由さ」にまでは至らないことが多いように思います。異性の親がそのことに触れにくいのはもっともだと思うからです。しかし暴力や自傷行為の場合には、それとは様相を異にすることがあるように感じるのです。

3　もう少し複雑な状況

第17講では、いくつか同席面接に不向きなケースを示して、最後に親の強い依存が問題になるケースがあることにも触れました。たとえば親は事前に電話などで「先に親だけで話をしたい」と要望しますが、先に話すつもりであることを自分から子どもに説明しようとはしません。自分は待合室で待っているだけで、援助者が自らの判断であるかのように親を先に招き入れることを求めているのです。

話そのものは大した内容ではないこともあるので、そのような場合は、とにかく子どもより自分が先に入りたかっただけかもしれません。

暴力や自傷行為などの問題を事前に聞かされることは、なぜ援助者にとってそんなに不自由なことのでしょうか。まず、家族から事前に聞いた暴力や自傷行為について子ども本人と話し合おうにも、「ご家族から聴いたんだけど……」とは言えない状況ができあがってしまいます。援助者の意図とは別に、親の都合だけで「知らないふりをしながら本人と会わなければならない」、「それでも何とか問題行動について話題にして解決しなければならない」という明らかにおかしな状況に投げ込まれるわけです。

これは家族が自らは子どもに向き合おうとしていないがために生じる状況のようです。援助者への万能的な期待や強い依存も感じられますし、それだけ家族の無力感が強いのかもしれません。援助者が抱え込まざる得ない八方塞がりの感覚は、親が抱えきれない八方塞がり感の投影同一化と捉えることもできそうです（第9講を参照）。

また、子どもの精神症状や自傷行為に気づいているのに見て見ぬふりをしている罪悪感を「援助者に伝えたので、親としてやるべきことはやった」と合理化しているようでもありますし、責任逃れや援助者への押しつけは欺瞞的です。そして実際に、子ども本人との間で何とも欺瞞的な治療・支援状況がスタートすることを考えると、嘘つきで欺瞞的な自己の否認と援助者への投影同一化と考えることもできそうです。嘘つきの役回りを援助者に押し付けることで、「嘘つきは自分ではなくて援助者」という現実、あるいは欺瞞の共謀関係ができあがるわけです。

4 「尋常ではない不自由さ」が生じる状況

さらに、「尋常でない不自由さ」が生じるには、もっと根深い要因がありそうです。事前に秘密を背負わされることによって援助者は、本人との対話を通じて問題についての理解を共有することや、問題を解決するための治療・支援関係を作り上げるという貴重なプロセスを阻害されます。それはあたかも、創造的であるはずの新たな治療・支援関係を汚染・破壊されるような感覚です。これは何なのでしょうか。単なる援助者の被害感、あるいは過剰な潔癖さや融通の利かなさによるものでしょうか。

私はこうした事態を、子どももまたは援助者に対する親の羨望・妬みによって生じている現象と捉えています。つまり、自分より良い援助を受ける子どもへの妬み、あるいは自分には備わっていない、子どもを助ける力をもつ援助者への妬みです。これらは強烈な破壊性を伴います。

こうした状況で親の要望を無視すれば、親は子どもを助けるべき治療・支援自体を中断させてしまうこともあります。親の要望にそのまま応じることにはジレンマが伴いますし、そうすればその後の支援がうまくいくとも限りませんが、虐待ハイリスクケースなどでは、まずは中断という事態を回避するために親の申し出を受け入れる必要があるように思います。親と対立してしまうことで、深刻な状況に置かれている子どもが支援を受けられる機会を失うことがあってはならないからです。また、「どちらが先に会うか」は同席面接と交代面接の際に生じる特有の問題なので、面接のセッティングとしては、こうした状況でこそ並行面接が役に立つかもしれません。

5　虐待ケースと児童相談所のこと

ここまで、「先に親の話を聴いてほしい」という求めの背後にある依存、万能的な期待、欺瞞、羨望・妬みなどについて述べてきました。支援関係を維持するため、親との対立を回避するために、あるところまでは求めに応じる必要がありますが、そのような配慮が優先された結果、児童相談所が子どもを救う機会を逸することがあります。前記のような羨望・妬みに加えて、激しい攻撃性や破壊性を向けてくる家族と対峙している職員の心痛は察して余りあります。児童相談所はどんなに難しい家族であってもしっかり向き合い、必ず子どもを助ける必要があるのですが、職員が「尋常ではない感覚」にどれほど追い詰められるのかということは多くの方に知っておいてほしいと思います。

また、そこまではいかなくても、医療機関や相談機関、カウンセリング機関などでも、こうした事態は起きていると思うので、気を付けてみていただきたいと思います。

初出一覧

第１講　書き下ろし
第２講　近藤直司：ひきこもりケースに貢献するために精神科医に必要なこと——事例性概念再考．精神科治療学 34(4)；361-366，2019.
第３講　書き下ろし
第４講　書き下ろし
第５講　明治安田生命こころの健康財団，2019 年度 発達障害・専門講座３「他者を信じ，他者と生きることの難しさ——発達障害・トラウマ・ひきこもりの臨床から」講義資料
第６講　明治安田生命こころの健康財団，2019 年度 こころの臨床・専門講座６「心理療法とアセスメント」講義資料
第７講　書き下ろし
第８講　書き下ろし
第９講　書き下ろし
第10講　第５講と同
第11講　第５講と同
第12講　書き下ろし
第13講　近藤直司：思春期精神科医療に関連する諸機関およびネットワーク支援のあり方．精神科治療学 26(5)；627-632，2011.
第14講　書き下ろし
第15講　近藤直司，広沢昇：暴力を伴うひきこもりケースに対する治療・支援．精神科治療学 33(8)；953-958，2018.
第16講　近藤直司：家を出られない若者と家族．家族療法研究 35(3)；222-227，2018.
第17講　2019 年度 精神分析的心理臨床セミナー「家族療法」講義資料
第18講　書き下ろし

※書き下ろし以外の講も，掲載にあたり，初出より大幅な改稿を行っている。

著者略歴

近藤直司（こんどう・なおじ）

大正大学心理社会学部臨床心理学科教授。

1962 年東京生まれ。東海大学医学部卒。東海大学医学部精神科学教室，神奈川県立精神医療センター芹香病院，山梨県立精神保健福祉センター所長（山梨県中央児童相談所副所長を兼任），山梨県都留児童相談所所長，東京都立小児総合医療センター児童・思春期精神科部長を経て，2014 年より現職。

著書に『引きこもりの理解と援助』（共編著，萌文社，1999 年），『青年のひきこもり——心理社会的背景・病理・治療援助』（共編著，岩崎学術出版社，2000 年），『ひきこもりケースの家族援助——相談・治療・予防』（共編著，金剛出版，2001 年），『医療・保健・福祉・心理専門職のためのアセスメント技術を高めるハンドブック——ケースレポートの方法からケース検討会議の技術まで 第 2 版』（明石書店，2015 年），『医療・保健・福祉・心理専門職のためのアセスメント技術を深めるハンドブック——精神力動的な視点を実践に活かすために』（明石書店，2014 年），『青年のひきこもり・その後——包括的アセスメントと支援の方法論』（岩崎学術出版社，2017 年），『こころの医学入門』（共編，中央法規，2017）他多数。

ひきこもり問題を講義する
——専門職の相談支援技術を高めるために——

ISBN 978-4-7533-1162-0

著者
近藤 直司

2019 年 12 月 5 日　第 1 刷発行

印刷・製本　（株）太平印刷社

発行所　（株）岩崎学術出版社
〒 101-0062　東京都千代田区神田駿河台 3-6-1
発行者　杉田 啓三
電話 03（5577）6817　FAX 03（5577）6837